Karl Johaentges

DIE DEUTSCHE AUTOBAHN

›››*Erlebnis – Mythos – Lebensader*

Karl Johaentges

DIE DEUTSCHE AUTOBAHN

››› Erlebnis – Mythos – Lebensader

FREDERKING & THALER

INHALT›››

Die A 2 windet sich seit 1937 durch das Wesergebirge, im Vordergrund der Rastplatz Papenbrink. ‹‹ Seite 2/3

Neugierige Hochlandrinder vor der Werratalbrücke Hörschel der A 4 bei Eisenach. Obwohl sichtbar, wirkt die Autobahn hier wie in einer anderen Welt. ›

60
60
60
Dortmund Bielefeld
Garbsen
H-Herrenhausen
Nienburg
Neustadt a Rbge
AQ
231.600

››› VORWORT von MICHAEL MARTIN

In meinem Leben bin ich mehr als eine Million Kilometer auf deutschen Autobahnen gefahren. Die Vortragstourneen machten oft 800 Autobahnkilometer und mehr pro Tag notwendig. Häufig hieß es, spätabends nach einer Veranstaltung am Alpenrand abbauen, einladen und die ganze Nacht auf der Autobahn unterwegs sein, um an die deutsche Küste zu gelangen, wo am nächsten Abend ein Auftritt anstand. In diesen Nächten schätzte ich die *German Autobahn* ganz besonders, denn auf sie konnte ich mich verlassen. Kein Schlagloch, keine zu enge Kurve, kein Gegenverkehr bremste in normalen Nächten die Fahrt. Fielen die ersten Schneeflocken oder drohte Blitzeis, waren die orangen Helfer zu Stelle und sorgten schnell wieder für freie Fahrt. Parkplätze boten uns Erholung, manche tagsüber wunderbare Aussichten, Raststätten stellten sicher, dass wir auch nachts um 2.30 Uhr eine warme Mahlzeit bekamen. Und in Motels schliefen wir oft besser als zu Hause. Und wenn ich Ruhe zum Nachdenken brauchte, ging ich in eine der 43 Autobahnkirchen.

Autobahnen haben mich schon im Kindesalter begleitet, denn mein Vater war Straßenbauingenieur und plante Autobahnen. Er liebte es, ihre Routenführung zu trassieren, langgezogene Kurven durch die Landschaft zu malen. Er und seine Kollegen der Autobahndirektion Südbayern dachten immer einen Schritt größer als die Beamten, die Ortsverbindungsstraßen oder Landstraßen planten. Und so erfuhr ich schon als kleiner Junge von Sprengkammern in Autobahnbrücken, von Kurvenradien und Fahrbahnbelägen.

Als mein Freund und Kollege Karl Johaentges mir vor vielen Jahren von seinem Langzeitprojekt Autobahn erzählte, war ich begeistert. Ich wusste, dass er genau der Richtige ist, das Phänomen Autobahn fotografisch zu erfassen, denn Karl kann mit seinen Bildern ganz großartig Geschichten erzählen und hinter die Kulissen schauen.

Immer wieder hat er mir in den letzten Jahren von seinen Recherchen und Fototouren entlang der Autobahnen berichtet. Er entdeckte dabei immer wieder neue, überraschende Fakten und fand immer wieder neue, noch nie gesehene Perspektiven für seine Bilder. Er brauchte dafür viel Geduld, denn man kann als Fotograf nicht einfach in einen Streifenwagen oder Rettungshelikopter steigen. Es waren langwierige Genehmigungen erforderlich, und lagen sie dann vor, musste man spontan auf Menschen zugehen, sie von der Idee überzeugen, mitzumachen. Hier liegt die große Stärke von Karl Johaentges. Er mag die Menschen, die er fotografiert und wird von ihnen gemocht.

Die Bilder werden ergänzt von einem Text, der gut recherchiert und so unterhaltsam wie kenntnisreich geschrieben ist. Er trägt ganz wesentlich dazu bei, das von vielen geliebte oder aber verhasste Phänomen Autobahn zu verstehen.

Michael Martin

Unfall im Wochenendstau, ein Rettungswagen schlängelt sich durch die Rettungsgasse. ‹

Brücke durch das Naturschutzgebiet Rottachmoos bei Kempten an der A 7 **›› Seite 8/9**

Michael Martin gilt als weltweit renommiertester Wüstenfotograf und erkundete auf über 50 Expeditionen unseren Planeten. Er produzierte 30 Bildbände, mehrere Fernsehfilme und hielt 2000 Vorträge. 2015 erschien sein beeindruckender Band PLANET WÜSTE, aktuell arbeitet er an einem umfassenden Porträt der Erde: TERRA.

VOM MYTHOS ZUM ALPTRAUM?

Deutschlands Autobahn. Sie ist Mythos und Verkehrssystem mit rasanter Geschichte, verknüpft mit langlebigen Propaganda-Legenden. Die »Straßen des Führers«, von Hitler persönlich entworfen und zum Leben erweckt. Sie wissen schon. Wenn überhaupt, sollte die Geburtsstunde der deutschen Autobahn Konrad Adenauer zugeschrieben werden. Er hatte 1929 als Oberbürgermeister von Köln die erste »Nurautomobilstraße« in Auftrag gegeben und am 6. August 1932 als erste »kreuzungsfreie Straße« zwischen Bonn und Köln dem Verkehr übergeben. Die Pläne für ein deutschlandweites Autobahnnetz, auf die Hitler zurückgriff, stammten aus den Schubladen eines schon 1926 gegründeten »Vereins zum Bau einer Straße für den Kraftwagen-Schnellverkehr«. Damals noch eine Vision, denn 1932 waren gerade mal 700 000 motorisierte Fahrzeuge auf Deutschlands Straßen unterwegs. Nach der Machtergreifung übernahmen die Nationalsozialisten diese Ideen und Pläne samt Trassenführung und degradierten das Original, die Strecke Köln–Bonn, zur »Landstraße erster Ordnung«. Mit diesem Trick schien es leichter, sich die »Straßen des Führers« auf die eigenen Fahnen zu sticken.

Die A 8 bietet am Irschenberg mit dem Blick über die Wallfahrtskirche Wilparting auf Wendelstein und Breitenstein ein grandioses Alpenpanorama. Schon beim Bau 1934 sollte die Autobahn sich als »Panorama-Autobahn« harmonisch und exponiert in die Landschaft einfügen. **‹‹‹ Seite 10/11**

Sie ist die höchste in Deutschland. In der Nähe des kleinen Fleckens Geislingen überbrückt die A 6 auf einer Länge von 1128 Metern das Tal der Kocher. 2014 war die Spannbetonbrücke nach Jahrzehnten hoher Belastung saniert und für die nächsten Jahrzehnte »ertüchtigt« worden. 2019 feierte sie 40. Geburtstag. **‹‹ Seite 12/13**

»Stau auf der A 2 an der Anschlussstelle Hannover-Herrenhausen«, meldet der Verkehrsfunk. **‹ Seite 14**

Nicht nur über die Geburtswehen der »längsten Rennstrecke der Welt« gibt es viele Geschichten zu erzählen. Außer ein paar vergessenen Originalkilometern sind die holprigen, zweispurigen Betonplattenpisten heute verbreitert und mit Hightech-Asphalt zu einem 13 183 Kilometer langen Verkehrsnetz (über weite Strecken ohne Tempolimit) geliftet worden. Vorsichtige Pensionäre treffen unterwegs auf rasende Geschäftsleute, Sportwagen müssen sich mit Sattelschleppern arrangieren. Unser Autobahnnetz wird regiert von einer Hierarchie der Pferdestärken, deren Geschwindigkeitsdifferenz bis zu 200 km/h betragen kann. Es wird gedrängelt und gebummelt, Überholmanöver werden verantwortungslos bis auf den letzten Meter ausgereizt. Und jeder fühlt sich im Recht, die Linksbummler ebenso wie lichthupende Linksdrängler.

Die Freiheit der Geschwindigkeit hat in Deutschland etwas Sakrales, und die Politik wagt es nur zaghaft, diese heilige Kuh anzutasten. Es ist kein Geheimnis: Im Land von Benz und Diesel sind viele ganz versessen aufs Automobil. So gewährt ein Porträt der Autobahn auch einen kleinen Einblick in unsere deutsche Seele. Und die scheint gespalten. Für viele ist die Autobahn Hassobjekt und Geißel. Sie trägt die Hauptschuld an Umweltzerstörung und Verkehrstoten. Wieder anderen, Deutschen wie Ausländern, ist das »Biotop fürs Automobil« ein Hort letzter Freiheit: keine Grenzen fürs Tempo – »no speed limit!« Und die Industrie kann auf sie nicht verzichten. Kurz: Die Autobahn ist Abenteuerspielplatz und Rückgrat der Wirtschaft gleichermaßen. Und exklusiv. Alles außerhalb dieses geschlossenen Biotops mit exklusiven Rast-Oasen, außerhalb der Leitplanken, Hecken und Lärmschutzwände, können wir im Vorbeifahren nur mit den Augen erreichen, es ist nicht er-fahrbar.

Stauwarnungen gehören zum Radioalltag, während der Urlaubszeit wachsen die Autoschlangen schon mal bis auf unvorstellbare hundert Kilometer Länge. Und dennoch: Den meisten gilt die Autobahn schlicht als Mobilitätsversprechen, schnell von A nach B zu gelangen. Sie ist aber mehr als ein Versprechen. Von den 755 Milliarden Fahrzeugkilometern, die 2019 in Deutschland gemessen wurden, kommen die Autobahnen allein auf 253 Milliarden oder ein Drittel – und das, obwohl sie nur 1,8 Prozent unserer Straßen ausmachen. Kurz: Sie entlasten unseren Alltag in einem unglaublichen Maß. Und zu ihrer Entlastung verrät die Statistik auch, dass im Jahr 2019 nur 356 der 3059 Verkehrstoten (11,7 Prozent) in Deutschland bei Unfällen auf der Autobahn umkamen – trotz der hohen Fahrzeugbelastung.

Die A 2, hier bei Magdeburg, im Brummi-Jargon auch »Warschauer Allee« genannt, verbindet die boomenden osteuropäischen Staaten mit dem Rest Europas.

Glatte Fahrbahnen, aber Starkregen sorgt für gefährliche Sichtverhältnisse.

Zugegeben, viele Strecken sind keine Erbauung, einige notorische Nadelöhr-Abschnitte haben längst die Belastungsgrenze überschritten. Aber in der Regel rollt die Blechkarawane. Damit dieses Mobilitätsversprechen überhaupt funktioniert, sind Heerscharen von Helfern, Lenkern und Rettern unterwegs – sowohl mittendrin in der Gefahrenzone, wie auch unsichtbar hinter den Kulissen. Die Räumdienste der Autobahnmeistereien arbeiten direkt an der Front. Die »Straßenwacht« kümmert sich um liegen gebliebene Fahrzeuge, Rettungsdienste – auch als fliegende Engel – um Unfallopfer. Denn oft zählt jede Minute. Im Hintergrund sorgen Verkehrsleitsysteme für Optimierungen des Verkehrsflusses. Die Autobahnpolizei als Spezialeinheit der Staatsgewalt überwacht und sichert den Verkehr oder versucht allzu aggressive Mitbürger aus dem Verkehr zu ziehen.

2019 waren 56 Millionen Fahrzeuge in Deutschland gemeldet, davon 46 Millionen Pkw. Wohin geht die Reise? In Anbetracht weiterhin zügellos wachsender Zahlen wird über die Zukunft von Automobil und Individualverkehr heftig debattiert und spekuliert. Die urbanen Zentren sind mit einem ausbaufähigen ICE-Netz verbunden, in den Städten selbst könnten öffentlicher Personennahverkehr (ÖPNV) und Fahrräder (zusammen mit Carsharing-Konzepten) das Automobil ohne großen Komfortverlust zurückdrängen. Und so für mehr urbane Lebensqualität sorgen. Kritiker des Individualverkehrs fordern deshalb einen kostenfreien ÖPNV im gesamten Bundesgebiet. In den Städten hätte dies sicher eine positive Wirkung. Denn statistisch gesehen parken unsere privaten Pkw ohnehin 23 Stunden täglich als ungenutztes Blech am Straßenrand oder in der Garage, sind Stehzeuge statt Fahrzeuge. Und gibt es ein Recht auf kostenlose Anwohnerparkplätze?

In der Fläche allerdings, auf dem »flachen Land«, gibt es aktuell noch keine realitätsnahen Alternativen zum Individualverkehr. Die überlasteten Autobahnen müssen noch längere Zeit die Bürde tragen, die Auswüchse der individuellen Mobilität aus unserem Alltag fernzuhalten. An dieser Überlastung wird auch die E-Mobilität nichts ändern. Sie verbessert zwar (beim Fahren) die CO2-Bilanz, aber Elektroautos sollen die Verbrenner ja

Vor allem in der Urlaubszeit entstehen bei Unfällen oder Baustellen Megastaus – es sind einfach zur gleichen Zeit zu viele Fahrzeuge in der gleichen Richtung unterwegs. ‹

Das Kirchheimer Dreieck südlich von Bad Hersfeld verbindet die A 4 mit der A 7. Auch eine ICE-Strecke kreuzt hier. » **Seite 18/19**

nur ersetzen. Sie fordern ebenso viel Platz, und was die Lärmbelästigung angeht, überwiegt in der Regel ohnehin das Abrollgeräusch der Pneus.

Wir werden also noch eine Weile mit der Verkehrs-Aorta Autobahn – verhasst oder geliebt – weiterleben müssen. Und sollten sie aufgrund ihrer Qualität auch schätzen lernen. Sie ist nicht nur hässlich anzusehen – sie windet sich auch durch wunderschöne Landschaften, quert mit spektakulären Brücken Flussauen und Täler und bildet aus der Vogelperspektive beeindruckende grafische Muster. Ob in Indien, Japan, China oder den USA, die meisten Autofahrer dieser Welt haben von der »German Autobahn« gehört, wenn auch meist nur als nebelhafte Legende und Hort grenzenloser Geschwindigkeit. Ausländische Medien stellen aber nicht nur das »No speed limit« in den Vordergrund, sondern sind voll des Lobes ob der hohen Qualität des Netzes, der Fahrbahnen und der Ingenieurskunst. »Flach wie Landebahnen«, begeisterte sich Tom Hanks einmal bei CNN. »Und alles ganz umsonst!«, »All for nothing!«.

Kurz: Das deutsche Autobahnsystem ist ein faszinierendes Verkehrsbiotop mit vielen Gesichtern und zahlreichen Superlativen. Es bewältigt den dichtesten Verkehr Europas und ist bis heute das effektivste (und teuerste) Freeway-System der Welt. Ein Motorkosmos, der sich anfangs in unsere Kulturlandschaft nur einpassen sollte, der mit der lawinenartigen Motorisierung selbst zu einer eigenständigen Kulturlandschaft gewachsen ist. Die Autobahn ist längst unverzichtbare Selbstverständlichkeit unseres Alltags geworden, wie die Luft zum Atmen. Und ja, sie hat auch starken Mundgeruch. So versuchen wir gerne, das mit Lärmschutzwänden eingezäunte »Monster« zu verdrängen, aus unserem Bewusstsein zu verbannen. Das wäre der falsche Schritt. Denn dieses monumentalste Bauwerk unserer Republik wird auch in absehbarer Zukunft gewaltige Lasten für unser Gemeinwohl schultern müssen. Dies zu würdigen und all die Menschen vorzustellen, die diese Lebensader im Fluss halten, ist Intention dieses Autobahn-Porträts. Eine Momentaufnahme.

Rudolph
Logistik Gruppe
DAF

Hamburg
Hannover
Kassel
7

VOM TRAMPELPFAD ZUR AUTOBAHN

››› Von der Entwicklung der Verkehrswege

Den Anfang machten die Trampelpfade der Tiere. Ihnen folgten unsere Vorfahren als Jäger und Sammler. In Europa war das erst nach dem Rückzug der Eiszeit vor über 10 000 Jahren möglich, auf anderen Erdteilen weit früher. Mit der zunehmenden Sesshaftigkeit der Menschen wurden dauerhafte Transportwege wichtiger. Waren Trampelpfade noch unbewusst entstanden, konnte Homo sapiens neue Wege planen und bauen, von A nach B, mit einem Ziel vor Augen. Mit zunehmendem Handel verbreiterten sich die Saumpfade, an Rastplätzen, Kreuzungen oder Flussfurten wuchsen Siedlungen zu Städten an.

Nicht nur die Erbauer der Pyramiden kannten schon gepflasterte Straßen. Zwei Jahrtausende vor unserer Zeitrechnung waren die Bewohner des indischen Kontinents oder Chinas den Jägern und Sammlern Mitteleuropas in Sachen Kultur oder Straßenbau meilenweit voraus. Erst die Möglichkeit der Metallverarbeitung in der Bronzezeit verlangte auch in unseren nördlichen Breitengraden nach Fernhandelsbeziehungen. Im waldreichen Mitteleuropa geschah das zunächst bevorzugt über das Wasser. Im Europa der Griechen und Römer verbanden Handelsstraßen die städtischen Inseln, die Insulae. Die Etrusker bauten fünf Meter breite Verkehrswege und aus der *via* entwickelte sich die *via strata* – lateinisch für gepflasterter Weg.

Vorbild der eleganten Kabelhängebrücke über den Rhein bei Köln-Rodenkirchen war die Golden Gate Bridge in San Francisco. 1941 eingeweiht, wurde sie in den letzten Kriegstagen zerstört. In den 1980er-Jahren wurde die Brücke der A 4 durch einen Zwillingsbau verbreitert. Bis heute gilt sie als eine der schönsten Autobahnbrücken Deutschlands. ‹

Der systematische Bau von Straßenverbindungen in Europa begann mit dem römischen Reich. Hauptverkehrsstraßen wie die Via Appia oder Via Aurelia (meist nach ihren Erbauern benannt) wurden als viae publicae, als öffentliche Straßen bezeichnet und dienten vor allem dem schnellen Bewegen der Legionen des Imperiums bis zu seiner Grenze, dem Limes. Mit dem Zerfall des Römischen Reiches im 5. Jahrhundert n. Chr. verfiel dieses erstklassige wie ausgedehnte imperiale Straßennetz von 80 000 Kilometern Länge aufgrund mangelnder Wartung. Es fehlte nicht nur das nötige Geld, viele Regionalfürsten begrüßten den Verfall sogar als Teil ihrer Verteidigungsstrategie. Und die Steine der Römerstraßen fanden Verwendung im Hausbau.

Verkehrswege wurden nun in unseren Breiten nur noch selten mit Steinen gebaut, verkamen zu staubigen und verschlammten Trassen. Die Städte des frühen Mittelalters waren quasi Inseln inmitten oft undurchdringlicher Wälder und Sümpfe, verbunden von Karrenwegen und Wasserstraßen. Wirkliche Steinstraßen gab es nur in der Nähe von Burgen, Schlössern und anderen Wohnsitzen des Adels. Kein Wunder: Mittelalterliches Reisen zu Lande war unendlich mühseliger als zu Wasser.

Mit der Zentralisierung der Macht war eine Zunahme des Reisens verbunden, und die neuen Herrscher förderten den Straßenbau. Um 800 n. Chr. ließ Karl der Große erste wichtige Transportwege ausbauen, um als »Kaiser des Heiligen Römischen Reiches« mit diesem Straßennetz seine Macht im Frankenreich zu sichern. Erst das 13. Jahrhundert erlebte erneut einen Aufschwung des Verkehrs- und Handelswesens, an den Knotenpunkten

Nur noch eingefahrene Wagenspuren zeugen von der Via Raetia, einer alten Römerstraße, Teil einer Alpentransversale bei Klais im Werdenfelser Land.

Reisen mit der Kutsche waren wegen schlechter Wege und Pannen recht beschwerlich. Im Jahr 1700 legte ein Gespann kaum mehr als 2 Kilometer die Stunde zurück.

entwickelten sich Märkte und Städte. Aus den Heerstraßen oder Königsstraßen wurden Handels- und Amtsrouten (via regia), aber sie blieben weiter unbefestigte Straßen. Die Nähe zu Wasserläufen und Sumpfland wurde nach Möglichkeit mit Kammwegen über Höhenzüge vermieden und morastige Geländeabschnitte mit schweren Holzbrettern als Bohlwege stabilisiert. War eine Spur nicht mehr nutzbar, entstand daneben eine neue. Solche parallelen Hohlwege samt Meilensteinen sind auf bewaldeten Höhenzügen immer noch zu entdecken.

Die wichtigsten Verkehrsadern lassen sich auch aus Reisebeschreibungen ihrer Zeit rekonstruieren, auch Pilgerwege, insbesondere der auch in Deutschland engmaschig verlaufende Jakobsweg, bieten Aufschluss über die Verkehrsnetze. Es gab zwar schon im 13. Jahrhundert mittelalterliche Reisekarten, beispielsweise die »Gough Map« in England mit Meilenangaben und Ortsnamen. Aber erst im 16. Jahrhundert entstand eine kontinentale Kartografie wie beispielsweise die kolorierte »Wegkarte des Heiligen Römischen Reichs« des Erfurter Astronomen und Kartografen Erhard Etzlaub. Die Entfernungen zwischen den Orten wurden in deutscher Meile gemessen, die jeweils 7,5 Kilometer betrug.

Unübersehbar war der Straßenbau in allen Epochen eng mit militärischen Zwecken verbunden. Es waren anfangs Heerstraßen, die den Römern für die schnellen Aufmärsche ihrer Legionen oder als strategische Trassen der Alpenüberquerungen dienten. Napoleons Ingenieure verbesserten später die verfallenden römischen Straßen durch die Schweiz, um die Passage der Kanonen der Grande Armée zu erleichtern. Auch die schottischen Highlands wurden erst nach Aufständen der schottischen Jakobiten durch 400 Kilometer Militärstraßen samt 40 Brücken erschlossen, um weitere Rebellionen rasch zu unterdrücken. Diesen *military roads* folgten Händler und Schmuggler, schließlich auch die ersten Reisenden. Abgeleitet von strata hatten die Angelsachsen die alten Römerstraßen als *streets* bezeichnet, was in beiden Sprachen »gepflasterte Straße« bedeutet.

Schon die Römer hatten mit einer ausgeklügelten Technik einen besonders haltbaren Straßenquerschnitt entwickelt. Von großer Wichtigkeit war die Spurbreite, denn mit der Achsbreite wuchs auch die Transportlast und somit der Bodendruck. Bei den Griechen lag die Spurbreite bei 1,30 Metern, bei den Römern bis zu 1,45 Metern, wobei eine typische Römerstraße mit zwei Fahrbahnen auf 5,50 Meter Breite kam. Diese Techniken wurden unter Napoleon weiter verbessert – einige Historiker versuchen sogar nachzuweisen, dass Napoleon den Russlandfeldzug vor allem deshalb verloren habe, weil seine Kanonenwagen nicht mit den dort üblichen Spurrillen harmonierten.

Sprichwörter wie »Alle Wege führen nach Rom« erzählen seit der Antike viel über historische Straßennetze. Im absolutistischen Frankreich Napoleons trafen sich die 14 Routes Impériales spinnennetzartig in der Hauptstadt. Genauer vor dem Portal von Notre Dame, nummeriert im Uhrzeigersinn. In der Neuen Welt Amerikas hingegen überziehen die Verkehrsadern seit den Siedlertracks nach Westen die Nation wie ein Gitternetz, ohne politisches oder geografisches Zentrum, nummeriert je nach Himmelsrichtung. Diese dezentrale Struktur spiegelt die auch heute noch ablehnende Haltung der Amerikaner gegenüber ihrer Bundeshauptstadt Washington wider, dem Sitz der politischen Eliten.

In Europa begann die große Ära der Fernstraßen nach dem Ende des Dreißigjährigen Krieges. Mit verbesserten Verkehrswegen und Fahrplänen der Postkutschen entstand Mitte des 17. Jahrhunderts ein höchst effektives System für alle Arten von Geschäfts- oder Vergnügungsfahrten. Reisende waren bis dahin expeditionsartig mit eigener Gerätschaft und Bediensteten unterwegs, ihre Fahrt wurde an zahllosen Landesgrenzen oder Stadttoren unterbrochen, um Straßen- oder Brückenzölle zu zahlen. Durch ein zuvor entrichtetes Fahrgeld war man nun davon befreit und konnte ungehindert passieren. Die Routen der Kutschendienste waren in detaillierten Postkurskarten verzeichnet, sie markieren den Beginn eines öffentlichen Personenverkehrs.

Im 18. Jahrhundert setzte sich die Postkutsche als Verkehrsmittel durch, schnellere, mehrspännige Kutschwagen erforderten ständig stabilere Fahrbahnen. 1815 ließ der britische Ingenieur John McAdam die erste geschotterte Landstraße bauen, mit Regenableitung sowie einem ausgeklügelten Straßenbett aus Steinen, Sand und Schotter, erhöht über den Feldern der Umgebung, ein *highway* eben. Im Jahr 1700 legte ein Postgespann im Schnitt gerade mal zwei Kilometer die Stunde zurück. Ende des Jahrhunderts kam eine Postkutsche schon auf eine Tagesleistung von 40 Kilometern. Das Reisen in der meist offenen Postkutsche blieb allerdings auf überwiegend schlechten Wegen weiterhin extrem beschwerlich. Davon zeugen die vielen Reiseberichte zeitgenössischer Schriftsteller wie Theodor Fontane, der seine qualvollen Kutschfahrten, den fehlenden Komfort, die Pannen und Grobheiten der Fuhrknechte genüsslich zu Papier brachte.

Luxuriöser wurde es mit dem Aufkommen der Schnellpostkutschen wie der vierspännigen »Diligence«, die, ausgestattet mit stoßdämpfenden Stahldruckfedern, ihren 15 Passagieren Komfort und zudem Schutz und Schnelligkeit boten. Sie revolutionierten das Reisen und erforderten wiederum eine Verbesserung der Kunststraßen, wie die gepflasterten Überlandstrecken genannt wurden. Diese waren 1850 so gut planiert und befestigt, dass eine Reisegeschwindigkeit von 10 km/h Standard wurde. Aber die Dampfrösser auf ihren eisernen Schienenbahnen waren schon zwei- bis dreimal schneller und komfortabler. Und als sich ab 1850 das Eisenbahnnetz verdichtete, war auch das Ende der Postkutsche eingeläutet. Die Eisenbahn verdrängte die Schnellpostkutschen zwischen den Metropolen. In der Folge verloren auch die Landstraßen wieder an Bedeutung und gewannen sie erst Ende des 19. Jahrhunderts durch die Verbreitung individualisierter Verkehrsmittel – wie dem Fahrrad – wieder zurück. Und obwohl 1886 von Carl Friedrich Benz mit dem »Patent-Motorwagen Nummer 1« das erste Automobil mit Verbrennungsmotor aus der Taufe gehoben wurde, führte das erst nach dem Ersten Weltkrieg zu einem merklichen Verkehrsanstieg. Mit 12 km/h war die Reisegeschwindigkeit der ersten Benziner ohnehin kaum schneller als die von Gespannen. Benzin war rar, nur Apotheken dienten als Lieferanten für das Antriebs-Waschbenzin. In den ersten Jahren der »pferdelosen Kutschen« waren in der Stadt neben Dampfmobilen (sie beschleunigten schneller) Elektromobile besonders populär. Sie waren sauberer, leiser und unanfälliger. Erst der Wunsch nach immer größerer Reichweite brachte dem Verbrenner den Durchbruch.

Das erste Automobil: Der Benz Patent-Motorwagen Nr. 1 kam am 3. Juli 1886 mit 0,75 PS auf die Straße. Benzin für den Antrieb gab es damals nur in der Apotheke.

Für warnende Verkehrszeichen an gefährlichen Wegstellen und Bahnübergängen waren private Automobilclubs zuständig, denn die Motorkutschen waren zunächst Hobby und Prestigeobjekt einer sehr wohlhabenden Schicht. Als erstes Todesopfer im automobilen Verkehr gilt die Arbeiterfrau Bridget Driscoll. In der Nähe des Londoner Crystal Palace war 1896 eine Benzin-Kutsche mit 6 km/h auf sie »zugerast« und hatte sie mit dem Kotflügel erfasst. Zwei Dutzend der »pferdelosen Kutschen« gab es im britischen Königreich, dem Fahrer wurde »rücksichtsloses Tempo« vorgeworfen. Andere Zeiten – ähnliche Sitten? Erst mit der Massenproduktion der Motorfahrzeuge begann auch die Ära der mehrspurigen Asphalt-Arterien, der Autobahnen. Allerdings blieb die Eisenbahn bis zum Zweiten Weltkrieg das wichtigste Transportmittel.

Deutschlands erste kreuzungsfreie »Nur-Strasse« wurde 1932 vom Kölner OB Adenauer eingeweiht. Ein Reststück ist am Beginn der heutigen A 555 in Köln zu entdecken.

Unter der heutigen Europabrücke in Frankfurt entstand 1933 beim Baubeginn einer anderen Autobahnbrücke das Propagandafoto von Adolf Hitlers »erstem Spatenstich«.

GRÜNDUNGSMYTHOS REICHSAUTOBAHN

Kaum ein anderes Thema umwabert in Deutschland so viel Mythos wie die Entstehung der Reichsautobahnen (RAB), den »Straßen des Führers«. Hitler soll – so die Parteilegende – die Idee schon 1924 während seiner Festungshaft in Landsberg gekommen sein. Dieses Märchen vom »Geistesblitz« wurde von NS-Generalinspekteur für den Straßenbau Fritz Todt für die Namensgebung »Straßen des Führers« weitergesponnen. Alles dreist erlogen. Denn den Traum von Straßen nur für Motorwagen hatten vorher viele andere. Da Fuhrwerke, Fußgänger und auch die neuartigen Benzin-Kutschen alle die gleichen Landstraßen nutzten, wurden diese zunehmend gefährlicher. 1929 lag die Zahl der Verkehrstoten schon bei fast 6000 – und das bei gerade mal 140.000 Automobilen und 5700 Motorrädern.

Im Kaiser-Deutschland begann die Vision einer »Nur-Kraftwagen-Straße« 1909 mit der Gründung der »Automobil-Verkehrs- und Übungsstraße«, abgekürzt AVUS. Automobile wurden immer populärer für die Oberklasse, und 1912 wurde in Berlin mit dem Bau begonnen. Der Erste Weltkrieg machte all dem bald ein Ende, erst 1921 wurde die AVUS mit massiver Unterstützung von Industriellen als 20 Kilometer lange Rennstrecke vollendet: vierspurig mit Mittelstreifen sowie Tribüne und Restauration – rechtzeitig zur ersten deutschen Automobilausstellung nach Kriegsende. Doch von öffentlicher Autobahn konnte hier noch keine Rede sein. Als weltweit erste Schnellstraße gilt ohnehin der 1906 gebaute, zehn Kilometer lange »Long Island Motor Parkway« in den USA. Auch diese Strecke fungierte als Rennparcour auf Privatgelände. 1934 wurde der 24 Kilometer lange »George Washington Memorial Parkway« bei Alexandria als erster öffentlicher Motorway der USA eingeweiht, 1938 entstand mit 270 Kilometern Länge der gebührenpflichtige »Pennsylvania Turnpike«.

Die erste »kreuzungsfreie Straße« (Bonn–Köln, heute A 555) in Deutschland, im Jahr 1929 als öffentlicher Verkehrsweg in Auftrag gegeben, hatte den Zweck, die zahlreichen Unfälle auf der damals am stärksten befahrenen Strecke im Deutschen Reich zu reduzieren. Auch die »Notstandsarbeit« für 5500 Arbeitslose war ein wichtiger Aspekt. Am 6. August 1932 übergab Konrad Adenauer als Oberbürgermeister von Köln die 20 Kilometer lange kreuzungsfreie »Nurautomobilstraße« abseits der Dörfer dem Verkehr. Die durch eine Markierung geteilten Fahrtrichtungen hatten jeweils zwei getrennte Spuren, die das Überholen erlaubten. Bis zu 120 km/h waren zugelassen. »So werden die Straßen der Zukunft aussehen!«, hatte »der Alte« (damals noch 55 Jahre jung) in seiner Taufrede stolz verkündet, bevor er seinem Chauffeur zugerufen haben soll: »Jeben Se Jas!«

Weiter als in Deutschland war man zu dieser Zeit in Italien. Dort verwirklichten Investoren um den Ingenieur und Bauunternehmer Piero Puricelli 1924 ein erstes Teilstück der »Autostrada dei Laghi«, einer 14 Meter breiten Maut-Autobahn von Mailand zu den oberitalienischen Seen – noch nicht ganz kreuzungsfrei, aber die Autostrada war geboren. Das zeugte von Weitsicht in einem Italien mit gerade mal 90 000 zugelassenen Kraftwagen.

Zwei Jahre später gründeten in Deutschland zwei Hessen, der städtische Oberrat Herman Uhlfelder und der Direktor der Deutschen Handelsgesellschaft Willy Hof, einen »Verein zum Bau einer Straße für den Kraftwagen-Schnellverkehr«. Ihre Vision war, zunächst eine Autobahn quer durch Deutschland zu bauen, von der Hansestadt Hamburg über Frankfurt nach Basel, daher die Bezeichnung HAFRABA. Und dann weiter bis Genua. Angesichts der erst 700 000 Motorwagen in Deutschland ebenfalls visionär. Vorsitzender der HAFRABA e. V. wurde der Statikprofessor Robert Otzen von der TU Hannover, der 1929 auch den Begriff »Autobahn« prägte. Piero Puricelli saß mit im Vorstand, ebenfalls im Boot waren führende Straßenbaufirmen wie Strabag, Dyckerhoff oder Freytag. Fernziel dieses Konsortiums: ein europäisches Autobahnnetz.

1927 wurden die ersten Pläne auf der Internationalen Automobilmesse in Basel vorgestellt. Die Messe hatte damals einen Wettbewerb für den besten Anschluss zweier Autobahnen ausgeschrieben. Den gewann kein Ingenieur, sondern ein 17-jähriger Schweizer Schlosserlehrling. Willy Sarbach brachte eine überzeugend einfache Kleeblattkreuzung zu Papier. Allerdings war der Schlosserlehrling nicht der erste Pionier in Sachen Autobahnknoten. Bereits 1916 hatte Präsident Wilson in den USA (mit immerhin drei Millionen Motorfahrzeugen) die Planung eines Highways zwischen New York und San Francisco forciert. Der Bauingenieur Arthur Hale aus Maryland meldete daraufhin erfolgreich einen Kleeblattknoten zum Patent an. Seitdem wurden zahllose Konstruktionen mit klangvollen Namen wie Spaghetti-Knoten, Whirlpool oder Gotisches Kreuz entwickelt, um Chaos und Verstopfung zu vermeiden.

An der A 115 in Berlin-Charlottenburg erinnern die mit Stacheldraht gesicherten Tribünen an Zeiten, als die legendäre AVUS noch als Rennstrecke (1921 – 1999) genutzt wurde.

Karte der Trasse der HAFRABA von der Hansestadt Hamburg nach Basel (und Genua)

Wer heute mit dem Auto auf der A 9 zwischen München und Berlin unterwegs ist, wird sie kaum beachten. Die Brücke über die Saale bei Rudolphstein wurde 1936 als Teil der Reichsautobahnstrecke München-Berlin fertiggestellt. Neben dem der Brücke wurde eine bastionsartige Aussichtsplattform mit Stele und Reichsadler angelegt, von der aber nur noch ein paar Mauern übrig geblieben sind.

Die mit Granit verkleidete Bogenbrücke (für jede Fahrrichtung eine) spielte eine zentrale Rolle in der Propaganda des NS-Regimes in Sachen Reichsautobahn. Sie wurde in opulenten Bildbänden, auf Plakaten und Briefmarken gefeiert. In den letzten Kriegstagen durch Sprengung stark beschädigt, war sie für 20 Jahre unpassierbar. Und unterhalb sorgten martialische Sperranlagen für kein Durchkommen. 1987 erfolgte eine erste Sanierung für die Transitstrecke zwischen Hof und Berlin und 1994–96 im Rahmen des Verkehrsprojekts Deutsche Einheit wurde sie als »Brücke der Deutschen Einheit« durch eine zusätzliche Spannbetonbrücke auf 6 Spuren erweitert.

In Deutschland lagen 1932 umfangreiche Pläne für ein Autobahnnetz vor: zwei Nord-Süd-Achsen, eine West-Ost-Verbindung und eine Diagonale von Hamburg nach Breslau. Für die 880 Kilometer lange Nord-Süd-Verbindung stapelten sich bis ins Detail gezeichnete Baupläne in den Schubladen: Rast- und Tankstellen, Kleeblattkreuzungen, Abfahrten und Trassenprofile. Die Realisierung scheiterte jedoch an der Finanzierung und deshalb im Reichstag. Alle Parteien stimmten dafür, nur die Mitglieder der NSDAP und KPD blockierten das Vorhaben vehement als »Luxusprojekt«. Aber kaum hatten die Nazis 1933 die Macht ergriffen, nahmen sie ihr Propagandaprojekt »Straßen des Führers« in Angriff. Und am 23. September 1933 ließ sich Hitler vor einem Pulk von Fotografen bei einem pompös inszenierten »ersten Spatenstich« als »Vater der Autobahn« feiern.

Die historische Talbrücke der A 2 entlang des Wesergebirges unterhalb Schloss Arensburg wurde bis 1939 mit dem in unmittelbarer Nähe abgebauten Wesersandstein mit hohen Gewölben errichtet. Erst in den 1990er-Jahren wurde sie für weitere Fahrbahnen verbreitert.

Die Nationalsozialisten übernahmen in der Folge dreist die Pläne der Autobahn-Visionäre und verkauften diese als ihre eigenen. Zweifel waren tabu. Der Ingenieur Fritz Todt, Vorstandsmitglied der HAFRABA und überzeugter Nazi, wurde von Hitler zum »Generalinspekteur für das Straßenwesen« ernannt. Der HAFRABA, von den Nazis als »großkapitalistische und jüdische Interessenwirtschaft« diffamiert, löste sich selbst auf. Ihr damaliger Geschäftsführer Willy Hof, selbst Anhänger Hitlers, wurde Vorsitzender der gleichgeschalteten »Gesellschaft zur Vorbereitung der Reichsautobahn«, kurz: GEZUVOR. Er trat aber schon 1934 zurück, denn es durfte nur einen Urheber der Autobahn geben: den »Führer«. In diversen Schriften hatte der HAFRABA-Pressereferent Kurt Kaftan die Vorreiterrolle der Italiener und des eigenen Autobahnvereins herausgearbeitet. Aber schon 1933 drohte ihm der neu bestellte Generalinspektor Todt: »Der Führer hat bereits 1923 in Landsberg seine grundlegenden Gedanken über den Bau deutscher Autobahnen dargelegt...« – »Die Reichsautobahnen, wie wir sie jetzt bauen, haben nicht als von der HAFRABA vorbereitet zu gelten, sondern einzig und allein als ‚Die Straßen Adolf Hitlers'«. Es kam sogar zu einem heftigen Streit zwischen Todt und Puricelli über die Urheberschaft der Autobahn. Piero Puricelli, selbst glühender Anhänger des Duce, wurde von seinen faschistischen Freunden im Norden massiv unter Druck gesetzt, die Autostrada nicht als seine Idee zu propagieren, denn das hätte die Lüge des »Führers« entlarvt.

DIE PYRAMIDEN DES »DRITTEN REICHS«

Neben der ideologischen Betonierung der Urheberhoheit des Führers gelang es Todt aber auch, in Rekordzeit ein höchst effektives Riesenunternehmen mit 17 »Obersten Bauleitungen der Reichsautobahn« (ORB) aufzubauen, mit der er den Bau eines Autobahnnetzes mit Riesenschritten ankurbelte und realisierte. Das Zauberwort »Arbeitsbeschaffung« entpuppte sich allerdings als Propaganda. Schon 1933 waren durch Maßnahmen der alten Regierung die Arbeitslosenzahlen von 6 Millionen auf 4,8 Millionen geschrumpft. Und von den 3,5 Millionen Arbeitslosen im Jahr 1935 waren damals und später in Zulieferbetrieben – so die Historiker – nie mehr als 250 000 Menschen beschäftigt. Die neuen Motorstraßen sollten auch nicht – so ein anderer Mythos – als schnelle Transportachsen für Hitlers Panzerverbände dienen. Dieser Zweck wurde zwar gelegentlich in Propagandafilmen herausposaunt, aber die Fahrbahndecken der meisten Streckenabschnitte waren für Schwertransporte zu dünn. Sie waren für die damals verbreiteten leichten Lastkraftwagen und Pkw ausgelegt, Truppentransporte erledigte die Wehrmacht traditionell über die Deutsche Reichsbahn. Mit dem Überfall auf Polen und Kriegsbeginn wurde der Autobahnbau zugunsten der Rüstung zurückgefahren und 1942 ein totaler Baustopp verhängt. Zur Tarnung vor feindlicher Luftaufklärung erhielten die hellen Fahrbahnen eine dunkle Einfärbung. Der Beton floss von nun an in den Bau von Bunkern und des Westwalls.

Bis zur völligen Einstellung aller Baumaßnahmen der Reichsautobahnen wurden seit den Kriegsvorbereitungen zunehmend Zwangsarbeiter beim Autobahnbau eingesetzt. Die wehrfähigen Deutschen waren an die Front befohlen worden. Heute erinnern nur noch ein paar verborgene Friedhöfe an die Verbrechen der Nazis an den Zwangsarbeitern. In der Nähe der A4 bei Bad Hersfeld (Friedeland) bei Herleshausen liegen sowjetische Kriegsgefangene begraben, die bis 1943 an der sogenannten Strecke 81 (heute A4) bauten. Nur wenige Grabsteine erinnern an die meist namenlos Verscharrten.

Im Rückblick betrachtet diente das Projekt RAB vor allem propagandistischen Zwecken und wurde vom Reichspropagandaministerium mit aufwendigen Publikationen als technischer Leistungsbeweis des NS-Regimes wirkungsvoll in Szene gesetzt. Es war ein gigantisches Medienprojekt. Der erste Propagandafilm über die »Straßen ohne Hindernisse« kam 1935 in die Kinos. In millionenfacher Auflage wurden Postkarten und Plakate gedruckt, Romane und opulente Bildbände oder Briefmarkenserien mit Autobahnbrücken herausgegeben – und jeder neue Bauabschnitt der Reichsautobahn wurde mit Filmen der »NS-Wochenschau« publikumswirksam vorgestellt. Die Autobahn als Weltwunder – Monument der nationalen Größe und Überlegenheit der deutschen Rasse – war zentraler Bestandteil der braunen Massenpsychologie und sollte ein Gefühl der Einheit und eine enge Bindung der Reichsgaue stärken.

Beeinflusst von Duce-Freund Puricelli sowie den Vorbildern der amerikanischen Parkways favorisierte der Generalbevollmächtigte Todt die »harmonische« Trassenführung durch die Natur. »Für den Bau neuer Straßen ist oberstes Gesetz«, schrieb Todt, »dass sie die Schönheit des Landes nicht beeinträchtigen dürfen, sondern sie vermehren sollen.« Jeder Bauleitung eines Bauabschnittes waren »Landschaftsanwälte« beigestellt. Statt langer Geraden wurden die Strecken der Umgebung angepasst, »eingebettet« als Inszenierung und Teil der Landschaft. Unter dem Schlagwort »Schlängelung« entbrannte sogar ein Streit um die Trassenführung. Da die Natur keine Geraden kenne, seien schnurgerade Abschnitte der Landschaft nicht angemessen.

Harmonie und Ästhetik der Linienführung sollten staunen lassen, ein Wechsel von Geraden und Krümmungen die Fahrt ermüdungsfreier machen. Dafür wurden auch Steigungen von 8 Prozent in Kauf genommen, fast doppelt so steil wie die heutige Norm. So führt beispielsweise Hitlers Lieblingsstrecke München–Salzburg über den Irschenberg und gleitet dann hinunter zum Chiemsee. An dessen Ufer wurde im Sommer 1938 zwar nicht Deutschlands erstes, aber dafür gigantischstes Autobahnrasthaus eingeweiht, eine Erlebnisarchitektur für 1500 Gäste – selbstredend pompös von den Medien beklatscht. Im Krieg mutierte das Rasthaus (wie viele ähnliche Anlagen) zum Lazarett, danach zu einem Erholungsheim für US-Soldaten. Heute beherbergt der Bau am See eine Klinik.

Als »Pyramiden des Dritten Reiches« sollten die Reichsautobahnen auf ewig als Weltwunder und Denkmal die glorreichen Leistungen der deutschen »Volksgemeinschaft« und seiner Überlegenheit bekunden. Und tatsächlich machten sie zusammen mit dem rasanten Bautempo auch im Ausland ziemlich Eindruck. So war die »Times« 1937 voll des Lobes und hob hervor, dass die deutschen Autobahnen die Schönheit der Landschaft erhalten und nicht zerstören würden. Und der 23-jährige John F. Kennedy

Am Chiemsee entstand 1938 Deutschlands größtes Rasthaus als Erlebnisarchitektur für 1500 Gäste und wichtige Inszenierung der Autobahn als Errungenschaft der NS-Bewegung.

1938 war das Teilstück der Reichsautobahn zwischen Dessau und Bitterfeld eine Rekordstrecke. Rudolf Caracciola erreichte mit einem stromlinienförmigen 12-Zylinder-Mercedes-Silberpfeil bei fliegendem Start eine Durchschnittsgeschwindigkeit von 399,6 km/h über eine Meile. Heute verläuft hier die A 9, die immer noch von dieser Stahlbogenbrücke bei Thalheim überquert wird.

Landwirtschaft an der A 9 bei Hirschberg an der Saale bei Rudolphstein. Die Bildunterschrift aus völkischen Zeiten von 1940 lautete: »Während die Autos rasch über die Autobahn durch die Wälder Thüringens gleiten, pflügt dicht dabei der Bauer friedlich seinen Acker wie in alten Zeiten.«

Heute rollen Pkw und Sattelschlepper auf der A 5 bei Fernwald. 1945 waren es Panzer und Truppentransporter der 6. US-Army Division und Marschkolonnen deutscher Kriegsgefangener auf dem Mittelstreifen.

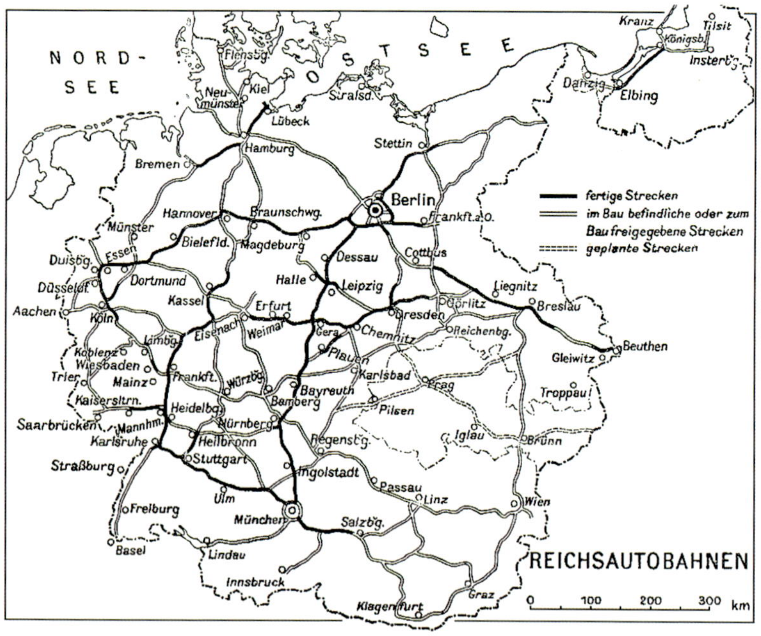

Diese Karte der Reichsautobahnen präsentiert das nicht erreichte Plansoll für 1940.

beurteilte nach einem Deutschlandbesuch die neuen Autobahnen als die besten Straßen der Welt, lästerte aber, dass sie wegen des niedrigen Verkehrsaufkommens in Deutschland unnötig seien. Damals lag Deutschland mit der Zahl der Fahrzeuge pro 100 000 Einwohner weit hinter Spitzenreitern wie den USA, Neuseeland, Dänemark oder Frankreich. Doch die Propaganda zeigte Wirkung, denn der spätere US-Präsident Kennedy vermerkte in seinem Tagebuch, dass »Faschismus das Richtige für Deutschland und Italien« sei.

»... ABER DIE AUTOBAHNEN!«

Welch ein Irrtum – nach nur 13 Jahren lag das »Tausendjährige Reich« schon zerstört am Boden, auch das Autobahnnetz war zum Kriegsende nur ein Stückwerk, ein Flickenteppich. Insgesamt 3870 Kilometer waren fertiggestellt, etwa 2000 Kilometer im Bau. Dies und auch das Tempo der Bauarbeiten waren zweifellos eine beachtliche Leistung, die aber – so führt das Historiker Götz Aly anschaulich vor Augen – nur mit dem geraubten Eigentum der jüdischen Mitbürger und den entwendeten Bankreserven der überfallenen Nachbarländer finanziert werden konnte. Was übrigens auch für viele Sozialleistungen gilt, mit denen die Nazis die Bevölkerung für sich einnahmen.

In den allerletzten Kriegstagen sprengten SS und die Wehrmacht hysterisch noch 245 der unter großen Opfern errichteten Autobahnbrücken, um den Vormarsch der Alliierten ein paar Tage oder Stunden aufzuhalten. Viele dieser Bauwerke waren zweifellos hohe Ingenieurskunst, auch wegweisende architektonische Meisterleistungen. Warum sollte man dem deutschen Volk, das dem Feind nicht trotzen konnte und so erbärmlich versagt hatte, diese Infrastruktur überlassen, werden sich die Parteibonzen im Angesicht des Untergangs gefragt haben. Nach dem Krieg warfen unverbesserliche Neo-Nazis ihrem »Führer« sogar vor, anstelle einer konsequenten militärischen Aufrüstung die knappen Ressourcen für Luxusgüter wie Autobahnen vergeudet zu haben. Die Autobahnmythen wirken allerdings bis in die Gegenwart, obwohl das » ... aber die Autobahnen!« nur noch vereinzelt zu hören ist, wenn es um Nazi-Deutschland geht.

Das ist 75 Jahre her. Neben zahlreichen Brücken haben es nur wenige Originalkilometer in die Jetztzeit geschafft. Adenauers »Nurautomobilstraße« von 1932 wurde 1956 zu einer Gesamtbreite von 40 Metern erweitert und zur A555 »gekürt«. Vom Original sind nur noch ein paar Hundert Meter am Verteilerkreis in Köln-Rodenkirchen erhalten. Auf der A11, kurz vor dem Kreuz Uckermark, gab es bis 2017 noch Geschichte zum Anfassen oder konkreter: zum Spüren. Unvermittelt holperte man auf drei Kilometern Reichsautobahn im Originalzustand. Handbreite, zuweilen nur notdürftig mit Bitumen ausgegossene Risse in und zwischen den 25 Meter langen Betonplatten verwandelten dieses letzte Reststück der 1936 eingeweihten Strecke Berlin–Stettin in eine gefürchtete Buckelpiste. Selbst die erlaubten 100 km/h waren eine Tortur. Nur schnell vom Gas für Auto und Bandscheiben. Nur nicht hier liegen bleiben! Denn ein Standstreifen fehlte natürlich auch. Nun ist das letzte Stück der RAB saniert, ein paar Platten landeten im kleinen Autobahn-Museum der Autobahnmeisterei Erkner.

Die allerletzte Originalpiste RAB hat vielleicht eine Chance, unter Denkmalschutz gestellt zu werden, sie ist ohnehin eine private Straße: die Zufahrt zur amerikanischen US-Air-Base Ramstein. Ein kleiner Bogen eines ansonsten schnurgeraden Abschnitts der unvollendeten Trasse Saarbrücken–Mannheim (Strecke 28), der schon während des Kriegs von der deutschen Luftwaffe als Behelfsflugplatz genutzt wurde. Zum Kriegsende eroberten die US-Truppen das Gelände und bauten hier einen Militärflugplatz. Noch heute führt die Zufahrt zur Ramstein Air Base (auch RAB abgekürzt) über ein Originalstück Reichsautobahn, kurz: RAB.

Auf der Zufahrt zur US-Base Ramstein bei Kaiserslautern ist die letzte noch genutzte Platten-Fahrbahn der Reichsautobahn in unverändertem Originalzustand zu sehen.

Hoch über der 1990 eingeweihten A 8-Trasse des Albaufstiegs bei Aichelberg verlaufen die beiden alten Spuren. Die 1934 bei München begonnene A 8 war mit hohem Einsatz und gleichzeitig an 20 Abschnitten gebaut worden und 1939 abgesehen von diesem schwierigen Albaufstieg weitgehend befahrbar. Erst 1985 und 1990 wurde die alte Trasse wegen ihrer notorischen Steigungen durch die aktuelle 6-spurige Trasse ersetzt.

Die Drachenlochbrücke an der A 8 war die erste von drei großen Brücken am Drackensteiner Hang im Albabstieg in der Schwäbischen Alb. 1937 war sie kaum befahren und eignete sich gut für ein Propagandafoto. 1945 gesprengt, wurde sie erst 1949 wieder aufgebaut. Aber die zweispurigen engen Abschnitte zwischen Ulm und Stuttgart sind heute gefährliche Nadelöhre der A 8. Ab 2027 soll der Verkehr über zwei Tunnel und zwei Brücken auf einer gebündelten 7,6 Kilometer langen Trasse zwischen Mühlhausen und Hohenstadt führen. Die veranschlagten Kosten: 600 Millionen. Danach wird die Drachenlochbrücke nur noch eine malerische Landstraße sein.

Das Reliefpanorama »Die Reichsautobahn am Steilhang der Alb« des Malers Michael Zeno Diener veranschaulicht den ursprünglichen Verlauf des Albauf- und abstiegs durch zwei Täler sowie die Vereinigung der Trasse am Aichelberg.

Die Rheinbrücke von Köln-Rodenkirchen hat nur ein Drittel der Stützweite ihres Vorbilds, der Golden Gate Bridge in San Francisco. Bauleiter der von Paul Bonatz entworfenen und erdverankerten, 1940 eingeweihten Kabelhängebrücke war der junge Ingenieur Fritz Leonhard, der später für seine Brückenkonstruktionen weltweit berühmt wurde. Im Januar 1945 wurden die Fahrbahnen von alliierten Bomben getroffen, versanken im Rhein, und die mächtigen Pylone entgingen so den Sprengkommandos der Wehrmacht. Nach Kriegsende konnte die heute denkmalgeschützte Brücke nicht nur wieder aufgebaut werden, sie wurde 1995 zudem für die A 4 durch einen Zwillingsbau erweitert. Gewaltige Schraubenmuttern in gigantischen Ankerkammern tief in Tausenden Tonnen Rheinkies sorgen für das Gleichgewicht der Kräfte. Aber ihr Schicksal steht in den Sternen. Die Fahrspuren sollen 2030 von sechs auf acht erweitert werden. Diese Last kann die Konstruktion dann nicht mehr tragen.

Die Raststätte Rhynern an der A 2 wurde in einem in der Nazizeit beliebten »Landhausstil« mit hohem Satteldach gebaut. Von der geplanten Großanlage wurden kriegsbedingt nur die beiden Tankstellengebäude realisiert, die heute unter Denkmalschutz stehen. In Rhynern-Nord wurde diese als Tankstelle modernisiert und erweitert, auf der gegenüberliegenden Seite entstand eine Autobahnkapelle.

Die historische Tankstelle bei Fürstenwalde an der heutigen A 12 war eine der ersten an den neu entstandenen Reichsautobahnen. Der Typenbau passte in das Dreieck der Ein- und Ausfahrten und wurde um 1937 mehrfach gebaut. Von Architekt Friedrich Tamms (1904–1980) mit V-förmigem Dach in modernem Spannbeton geplant, entsprach die Tankstelle nicht dem üblichen monumentalen Blut- und Boden-Stil der Nationalsozialisten. Als letzte ihrer Art in Deutschland ist sie nicht mehr in Betrieb, steht aber unter Denkmalschutz.

Nach der Verlegung des Kontrollpunkts an der A 115 von »Drewitz« nach »Dreilinden« führt die ehemalige Trasse der Reichsautobahn durchs Niemandsland des Berlin-Potsdamer Grenzbereichs, hier unter den Resten einer heute Grafitti-überzogenen Reichsbahnbrücke. Von der Reichsautobahn sind nur noch die Konturen der Trasse zu erahnen, und Pflastersteine verraten ehemalige Auffahrten.

Nördlich von Würzburg war ursprünglich die »Strecke 46« nach Süden über Burgsinn und Gräfendorf geplant. 1940 wurden die Bauarbeiten kriegsbedingt eingestellt und nach dem Krieg ganz aufgegeben. Seitdem laden insgesamt 47 überwachsene Bauruinen zur Entdeckungstour ein, neben diversen Unterführungen und Brückenlagern auch ein Sandsteinpfeiler im Saaletal bei Schonfeld – heute ein beliebter Kletterfelsen.

ZP 65-93

Am Tag nach dem Mauerfall herrschte am jetzt offenen Kontrollpunkt der Transitautobahn von und nach Berlin überbordende Freude über die wieder gewonnene Freiheit. Ein schier endloser Strom von Zweitaktern machte sich auf der Transit- oder Zonenautobahn zwischen Helmstedt und Marienborn auf den Weg nach Westen. In diesen Tagen bildeten sich die wohl glücklichsten Staukilometer der deutschen Autobahngeschichte.

Bis in die 1960er-Jahre war der West-Berliner Grenzübergang bei Potsdam im Bereich von »Albrechts Teerofen« (einst ein Westzipfel). 1950 entstand hier zunächst der Kontrollpunkt »Drewitz« und nach dem Bau der Berliner Mauer etwas entfernt davon der Kontrollpunkt »Dreilinden« für den Transitverkehr. Abgesehen von der verfallenen Raststätte Dreilinden auf Westberliner Gebiet sind die Kontrollbauten verschwunden. Nur noch die Fahnenanlage für die drei alliierten Flaggen und von Moosen und Gräsern überwachsene Fahrbahnen zeugen von diesen Anlagen, die 1969 in den Dornröschenschlaf versanken.

Heute wachen am einst martialischen Grenzübergang Helmstedt-Marienborn nur noch ein paar Poster-Grenzposten und leere Wachttürme und Lichtmasten. Die Grenzschleuse im Bollwerk des »antifaschistischen Schutzwalls« war mit 1000 Bediensteten das größte Nadelöhr in die DDR. Unter diesem Hallendach endeten an den Kontrollkabinen die Förderbänder mit den Pässen, hier begann die eigentliche Kontrolle der Grenzer. Und an der Tankstelle in Berlin-Dreilinden gab es wiederum den letzten Westsprit auf dem Weg nach Helmstedt.

München

Labyrinth im Blätterwald. Das Autobahnkreuz München Nord der A 9 und A 99 am Münchener Autobahnring ermöglicht dem Fernverkehr die Umfahrung Münchens, bleibt aber ein notorisch staugeplagter Engpass. Das abgewandelte Kleeblatt wurde schon in der 1930er-Jahren geplant, 1969 gebaut und im Rahmen der Vorbereitung der Fußball-WM 2006 (die Allianz-Arena liegt unmittelbar am Kreuz) erneut erweitert. **‹‹‹ Seite 46/47**

Die A 48 verbindet die A 1 vom Autobahndreieck Vulkaneifel mit Koblenz sowie der A 3 am Dernbacher Dreieck im Westerwald. Beim Eifelstädtchen Ulmen trennt sie die Ortschaft sowie den Jungfernweiher vom Ulmener Maar – vor 11 000 Jahren einmal ein aktiver Vulkan, der jüngste nördlich der Alpen. **‹‹ Seite 48/49**

Beim Sonnenaufgang schlängelt sich die A 7 durch eine Nebellandschaft. Noch ist es ruhig auf der Autobahn. **‹**

Blick auf die A7 bei Hildesheim und einen der etwa 1500 unbewirtschafteten Parkplätze. Im Regelfall liegen sie nur 15–20 km auseinander.
›› Seite 52

BLEIFUSS UND STILLSTAND? ››› Von der Reichsautobahn zur Bundesautobahn

Auf einer Landkarte wirken die deutschen Autobahnen wie ein Kapillarsystem des menschlichen Körpers, verwirrend verzweigt und verästelt, in Regionen wie dem Ruhrpott gar chaotisch. Es sollte bis 1949 dauern, bis die gesprengten Brücken wieder notdürftig befahrbar waren und ein funktionierendes Autobahnnetz von 2100 Kilometern entstand. Den nun folgenden Ausbau der neu benannten Bundesautobahnen (BAB) nahm die Bonner Regierung erst im Mai 1952 langsam wieder auf – ab 1959 mit diversen Vierjahresplänen. Und der Bundestag entschied über die Zweckbindung der Mineralölsteuer für den Straßenbau. Auf der anderen Seite des Atlantiks unterzeichnete Präsident Eisenhower 1956 ein Gesetz für den Ausbau des Interstate Highways. Vorbild war die deutsche Autobahn, deren Vorteile Eisenhower als Oberkommandierender der amerikanischen Streitkräfte in Europa zu schätzen gelernt hatte.

Während sich die Trassenführung der Reichsautobahnen eng an der Landschaft orientieren sollte, wurde die Streckenführung der Bundesautobahnen nun mathematisch genormten Größen wie Radien, Neigungen oder Steigungen unterworfen. Angesichts der zunehmenden Verkehrsdichte sollte der Ausblick weg von der Landschaft auf die Stoßstange des Vorausfahrenden gelenkt werden. Die Autobahn-Ingenieure der jungen Bundesrepublik wollten damit aber auch eine Abwendung von der Blut-und-Boden-Ideologie ihrer Berufskollegen bewirken. Der Ideologie wurden Rationalität und Normen entgegengestellt, die Autobahn dem Primat der Sicherheit unterworfen. Technische Regelwerke und Richtlinien regelten den Bau von Abfahrten, die Lage der Raststätten sowie die Bepflanzung der Mittelstreifen. Erst in den 1960er-Jahren forderten die Landschaftsarchitekten wieder mehr Einfluss, zeitweilig waren Blendschutz oder Leitplanken als Fremdkörper in der Landschaft verpönt.

Im Wirtschaftswunderland Deutschland wuchs die Zahl der Automobile nun explosionsartig. Waren 1930 gerade mal 280 000 Pkw und ebenso viele Krafträder gemeldet, hatte sich die Zahl der Pkw 1950 bereits verdoppelt, die der Motorräder sogar vervierfacht. 1960 starteten die Deutschen dann richtig durch: 4,5 Millionen Automobile und etwa 2 Millionen Krafträder drängten auf die Straßen. Angesichts der unaufhaltsamen Beliebtheit der individuellen, schnelleren und komfortableren Fortbewegung wurde der Autobahnbau forciert – der Beginn einer beispiellosen Entwicklung. Mit zunehmender Wirtschaftskraft stieg das Automobil zum universalen Verkehrsmittel auf. Es symbolisierte Wachstum, Wohlstand und persönliche Freiheit – ohne Fahrplan, Bahngleis oder Haltestelle. Die Mindestgeschwindigkeit lag bei 40 km/h, damit war auch ein Goggomobil auf der Autobahn noch geduldet.

Am Horizont wurden aber schon die Zeiten der Staus erkennbar. Im Sommer 1963 widmete der »Spiegel« dem Stauchaos eine Titelgeschichte, und »Bild« titelte: »Autobahn wird zur Schleichbahn«. Dagegen wurde fleißig angebaut. Ende der 1970er-Jahre war das Autobahnnetz schon um 3000 Kilometer gewachsen, der hochgesteckte Plan sah sogar ein so engmaschiges Netz vor, dass in Zukunft keine Ortschaft mehr als 10 Kilometer von einer Auffahrt entfernt sein sollte. Das ist uns gottlob erspart geblieben, ebenso wie Sprengungen der Fahrbahnen. Denn in Zeiten des Kalten Kriegs wurde nicht nur gebaut, sondern auch auf Zerstörung ge-

Es gibt 140 Autobahnkreuze und 113 Dreiecke sowie 2327 Anschlussstellen und 84 Anschlüsse an deutschen Autobahnen. Oben die Abfahrt Oberhausen-Königstadt an der Autobahn A 2 und unten das Kreuz Kaiserberg in Duisburg, im Volksmund auch »Spaghettiknoten« genannt.

setzt. Für den Kriegsfall. Die Nato fürchtete das schnelle Vordringen der Panzer des Warschauer Pakts über die Autobahn. Deshalb waren in neuen Brückenkonstruktionen nicht nur geheime Sprengkammern vorgesehen, bundesweit wurden an Auffahrten und Autobahnkreuzen Tausende (als Gully-Schächte getarnte) Sprengfallen installiert, die binnen Stunden mit Sprengstoff und Zünder scharfgemacht werden konnten. Zusätzlich wurden schnurgerade Autobahnabschnitte mit leicht demontierbaren Mittelplanken versehen und nicht bepflanzt, um sie im Ernstfall binnen Stunden in drei Kilometer lange Start- und Landebahnen zu verwandeln. Über 30 dieser »Notlandeplätze« (NLP) wurden bis in die späten 1980er-Jahre in Westdeutschland angelegt. Und auch in der DDR gab es solche »Autobahn-Abschnitte« für den Fall der Eskalation.

1974 wurde ein Nummernsystem für die Bundesautobahnen (BAB) eingeführt und eine bessere Beschilderung entwickelt – heute kennt die Straßenverkehrsordnung 600 Vorschriftzeichen (ohne die Zusatzzeichen). Der Autobahn-Beginn wird durch das Vorschriftzeichen 330.1 (perspektische Fahrbahnen und Brücke auf blauem Grund – das Symbol für Autobahn) und das Ende mit Zeichen 330.2 geregelt. Die Ankündigungstafel zum Autohof ist unter der Nummer 449 zu finden. Alles in »Verkehrsblau« RAL 5017. Deutsche Gründlichkeit. Als Standardschrift für bundesdeutsche Verkehrsschilder kam eine serifenlose Schrift nach DIN 1431 zum Zuge, die schon 1931 als Vornorm und 1936 in fast unveränderter Form als »Verkehrsschrift« definiert worden war. Strecken in Nord-Süd-Richtung bekamen ungerade, die Ost-West-Verbindungen gerade Nummern. Einstellige Autobahnen führen durch die ganze Republik (bis auf die A 1 mit einer kleinen Lücke in der Eifel), zweistellige verbinden Ballungsgebiete, dreistellige sind kurze Zubringerstrecken.

Aufschlussreich ist auch der internationale Vergleich. Bis zur Wiedervereinigung betrug die Länge der BAB noch 9000 Kilometer, 2020 ist sie auf 13 183 Kilometer Beton und Asphalt angewachsen. Damit liegt Deutschland beim Autobahnbau hinter der Volksrepublik China (149 000 Kilometer), den USA (78 000 Kilometer), Kanada (39 000 Kilometer) und Spanien (15 000 Kilometer) auf Platz fünf. Gemessen an der Bevölkerung ist Zypern mit 367 Kilometern Autobahn pro einer Million Einwohner Spitzenreiter, gefolgt von Luxemburg mit 326 Kilometern und auf Platz zehn dann Deutschland mit 148 Kilometern.

Die Anzahl der zugelassenen Pkw sprang im Jahr 1990 auf 30 Millionen, 2000 auf 42 Millionen, und 2020 waren es schon 48 Millionen. So queren heutzutage etwa 350 000 Fahrzeuge den am extremsten frequentierten Knotenpunkt Europas, das Frankfurter Kreuz. Täglich! Und der Kölner Autobahnring liefert sich einen Wettstreit mit der Berliner Stadtautobahn A 100 mit 170 000 Fahrzeugen täglich um den Titel des »Spitzenreiters«.

Bleiben wir noch bei den Superlativen. Längste Autobahn in Deutschland ist mit 945 Kilometern die A 7 von Flensburg bis Füssen: Ihr erster Bauabschnitt zwischen Göttingen und Kassel war 1937 abgeschlossen worden. In Hamburg kommt die A 252 nur auf eineinhalb Kilometer, sie ist die kürzeste Autobahn. Die Kochertalbrücke (178 Meter) bei Geislingen war bei ihrer Fertigstellung 1979 sogar die höchste Autobahnbrücke Europas. Den Titel der längsten Autobahnbrücke hält mit 4258 Metern die Hochstraße Elbemarsch auf der A 7. Als »Königin der Autobahnen« gilt seit 1971 die Sauerlandlinie A 45 zwischen Dortmund und Gießen. Geplant als direkte Verbindung der Wirtschaftsräume Ruhrgebiet und Süddeutschland und gespickt mit Talbrücken bietet sie malerische Landschaften, tiefe Täler und weite Ausblicke. Als eine der schönsten Strecken in Deutschland hat sie aufgrund des Schwerverkehrs nach 50 Jahren das Ende ihrer Lebenszeit erreicht und wird in den kommenden Jahren so auch eine der kostspieligsten sein: In Hessen sind 22 und in NRW 38 Talbrücken zu sanieren.

DIE ZONENAUTOBAHN

Bis 1989 endeten einige Bundesautobahnen ungefragt als Sackgassen an der innerdeutschen Grenze. Nur vier Transitautobahnen, im Volksmund auch als »Zonenautobahnen« verspottet, verbanden die Bundesrepublik holprig mit Berlin. Die A 2 von Helmstedt nach Marienborn war die wichtigste. Die DDR hatte seit den 1970ern nur punktuell in Infrastruktur investiert. Also blieben die Autobahnen im Osten – abgesehen von den Transitstrecken – meist im Vorkriegszustand. Mit der Deutschen Einheit wurde Deutschland quasi über Nacht zu einem Transitland in der Mitte Europas, was den Straßenverkehr in ungeahnte Höhen katapultierte. Im Norden konnte das die A 2 zunächst noch verkraften, zwischen Bayern und Thüringen mussten bald neue und der Ausbau bestehender Autobahnen in Angriff genommen werden. Von der Ära des geteilten Deutschlands zeugen heute nur noch ein paar verlassene und zu Museen mutierte Grenzanlagen.

Schon gleich nach der Grenzöffnung begannen Bayern und Sachsen mit der Weiterplanung neuer Autobahnen, 1991 wurde unter der Regierung Kohl das »Verkehrsprojekt Deutsche Einheit« beschlossen. Bezogen auf die Autobahn wurden Bauprojekte mit einer Gesamtlänge von fast 2000 Kilometern entschieden, allein in den neuen Bundesländern 1550 Kilometer. Um diese neuen Aufgaben der vereinten Nation stemmen zu können, gründete sich die DEGES (Deutsche Einheit Fernstraßenplanungs- und -bau GmbH). Als erste neue Autobahn im Osten entstand die A 72 von Hof nach Chemnitz. Andere zentrale Vorhaben nach der Wiedervereinigung waren die neuen 222 Autobahnkilometer der A 71, auch Kammquerung genannt, und der A 73 im Thüringer Wald. Von den 83 Autobahnbahnbrücken wurden 30 als Großbrücken konstruiert, der Rennsteigtunnel ist mit fast 8 Kilometern der längste der 117 Autobahntunnel Deutschlands.

Nicht nur an Wochenenden quellen die Lkw-Parkplätze wegen der vorgeschriebenen Ruhezeiten der Fernfahrer zunehmend über.

Kilometer um Kilometer begleiten Lärmschutzwände und weiße Streifen auf grauem Asphalt die Autofahrer, hin und wieder bitten Hinweisschilder oder eine Signalbrücke um Aufmerksamkeit – die Autobahn kann verdammt monoton sein.

Wer es genau wissen will, kann sich in die Jahresausgaben »Verkehr in Zahlen« des Bundesministeriums für Verkehr und digitale Infrastruktur (BMVI) vertiefen. Der 47. Jahrgang für 2019 bietet auf 350 Seiten ein überwältigendes Labyrinth von Zahlen und Tabellen. Dem ist zu entnehmen, dass sich beispielsweise aktuell das Straßennetz der Bundesrepublik Deutschland auf sage und schreibe 831 000 Kilometer summiert. 644 000 Kilometer, also knapp die doppelte Entfernung zum Mond, sind Außerortstraßen. Die Bundesautobahnen machen mit 13 183 Kilometern einen Anteil von nur knapp zwei Prozent aus – und doch buckeln sie im Drehkreuz Europas ein Drittel aller gefahrenen Fahrzeug-Kilometer. Welch eine Entlastung unserer Lebensumwelt!

FAHR'N, FAHR'N, FAHR'N AUF DER AUTOBAHN

Angesichts dieser Konzentration von rollendem Stahl und Gummi darf man auf der Autobahn keine Ruhe erhoffen, es wird zunehmend voller. Da überrascht es nicht, dass die Autobahn hierzulande heftig umstritten ist. Die einen verteufeln, die anderen schätzen sie. Hass-Liebe. »Krieg auf deutschen Autobahnen« lautet eine beliebte Schlagzeile in den Medien, wenn es darum geht, Missstände oder verantwortungsloses Fahren zu thematisieren. Andererseits scheint die deutsche Autobahn immer noch von einem besonderen Mythos zu zehren, nicht umsonst läuft bei DMAX die Serie »Abenteuer Autobahn« schon in mehreren Staffeln mit 40 Episoden. Gedreht wird über Spezialtransporter oder Automeisterei, zu den Protagonisten gehören die »Helden der Autobahn«, wie Rettungskräfte, Leitzentralen oder »Gelbe Engel«. Manche Vielfahrer behaupten gar, sie könnten auf der Autobahn am besten nachdenken. Womöglich schafft ja monotone Fortbewegung Platz für Gedanken über Leben, Liebe, Berufliches und die Zukunft. Dieser Monotonie setzte 1974 die Elektronik-Kultband »Kraftwerk« ein Denkmal: Ihr Song »Wir fahrn, fahrn, fahrn auf der Autobahn« war von einem ziemlich schräg geschnittenen Video begleitet und adelte sie zum Kulturgut – damals eine ziemlich coole Hommage:

»Wir fahrn, fahrn, fahrn auf der Autobahn
Vor uns liegt ein weites Tal
Die Sonne scheint mit Glitzerstrahl
Fahrbahn ist ein graues Band
Weiße Streifen, grüner Rand
Jetzt schalten wir ja das Radio an
Aus dem Lautsprecher klingt es dann:
Wir fahrn auf der Autobahn«

Über die monotone Schönheit unserer Autobahn hinaus, die es als Hit sogar in die US-Charts schaffte, bleibt die Frage: Gibt sie unserer Umwelt den Rest oder reduziert sie den Druck der geradezu explodierenden Verkehrsströme aus unserem Lebensraum und erleichtert unser Leben? Sie angesichts ihrer generellen und temporären Überforderung als verfehltes Verkehrskonzept hinzustellen, ist zu kurz gegriffen. Der Bau neuer Autobahnen verschlingt zwar gewaltige Ressourcen, greift zerstörerisch in Naturräume ein, versiegelt weitere Bodenflächen und unterstützt die ungebremste Ausbreitung des Autos. Andererseits verschonen gerade die Autobahnen die umgebenden Gebiete vor dem wachsenden Verkehr. Das Problem: Wir haben einfach zu viel Automobile. Die zunehmende Überlastung der Landstraßen und Autobahnen ist direkte Folge der Beliebtheit des in unserer hochmobilen Gesellschaft immer noch alternativlosen Automobils.

Die vielbeschworene E-Mobilität bietet hier keine Verbesserung, denn ein batteriebetriebener Pkw fordert in den Städten ebenso viel Fläche wie ein Diesel oder Benziner. Schon die endlose Zeit der Parkplatzsuche beschreibt die Ausweglosigkeit in urbanen Zentren. Und offenbart ein zentrales Problem: Ein öffentlicher Stellplatz kostet den Steuerzahler (auch solche ohne Auto) bis zu 7000 Euro jährlich. Für jeden Parkplatz in einer Wohnstraße wären für städtische Autobesitzer eigentlich 19 Euro fällig – täglich.

Unbestritten verschlechtert unser Liebling Auto die Lebensqualität in den Städten. Alleen und historische Marktplätze mutieren zu Parkplätzen, unsere urbane Lebenswelt wird vom meist parkenden Automobil zugestellt. Statistisch gesehen stehen unsere so geliebten Blechkarossen ohnehin 95 Prozent des Tages nur nutzlos am Straßenrand herum. Gibt es ein Recht auf einen kostenlosen Anwohnerparkplatz? Ist diesem Zustand mit Verboten beizukommen? Vielleicht lassen ja höhere Park- und Mautgebühren unsere »libidinöse« Beziehung zum eigenen Auto erkalten? Wer in der Stadt die Hände nicht vom Steuer lassen will, könnte für den »privaten« Stellplatz auch bezahlen. Ist das nun ein Angriff auf die Freiheit des Einzelnen oder nur auf seine Bequemlichkeit? Die Städte mit erhöhten Stellplatzgebühren oder einer Citymaut »autofreier« zu machen, birgt aber die Gefahr, dass sich am Ende vor allem Automobilisten mit dem dickeren Portemonnaie über staufreie Straßen freuen und die weniger Betuchten auf die Barrikaden gehen. Vielleicht sollten wir das geliebte Paris zum Vorbild nehmen. Dort rechnet Bürgermeisterin Anne Hidalgo vor, dass Autos 50 Prozent des öffentlichen Raums belegen und 80 Prozent der Fahrzeuge nur eine Person befördern. Paris setzt auf das Fahrrad und lässt für 150 Millionen Euro das schon 300 Kilometer lange Radwegenetz um weitere 60 Kilometer entlang der Metrolinien ausbauen.

Vor allem jüngere Leute sehnen sich – wenn man den Umfragen glauben darf – nach autofreien Innenstädten. Ganz autofrei scheint jedoch noch keine Option, denn natürlich müssen Handwerker und Lieferanten auch motorisiert anrücken können. Aber die meisten Stadtbewohner könnten relativ bequem auf Fahrrad, Carsharing und womöglich sogar kostenfreien ÖPNV umsteigen. In den Städten – untereinander verbunden mit einem attraktiven ICE-Netz – sind Alternativen in Sicht. Solange aber im Weserbergland, in der Eifel, generell auf dem »flachen Land« Überlandbusse mit dörflichen Taktzeiten verkehren, steigt dort niemand aus seiner geliebten »Karre« in den Bus um.

300 Maut-Kontrollbrücken und 600 Kontrollsäulen sollen Mautbetrug verhindern.

Bei regennasser Fahrbahn runter vom Gas! Gefahr von Aquaplaning

DER KAMPF UMS TEMPOLIMIT

Als 1974 der erste Golf vom Band rollte, hatte er gerade mal 50 oder 70 PS unter der Haube. Damals ging es noch geruhsamer zu, auch ohne Tempolimit, und in den Kasseler Bergen spürte man noch die Steigungen. Im Jahr 1970 waren aber auch 21 332 Verkehrstote zu beklagen, ein neuer trauriger Rekord. Schon nach der Energiekrise von 1973 lautete der Slogan des Automobilclubs ADAC wieder »Freie Fahrt für freie Bürger«. Und Udo Lindenberg begeisterte alle Tramper mit seinem Song:

»Nun steh ich wieder an der Autobahn
Und halt den Daumen in den Wind …«

Das war gestern. Heute beschleunigt ein Golf mächtiger als ein Porsche aus den 1970ern, und Tempo 200 – so bestätigt die Statistik des Kraftfahrt-Bundesamts – schaffen über zwei Drittel aller Neuzulassungen. Auch Deutschlands Kult-Rocker Udo Lindenberg brettert gern mal nachts mit seinem aktuellen Hybrid-Porsche über die Autobahn. »Dann höre ich dazu geile Musik, das geht ab!«, verkündete der bekennende Porsche-Markenbotschafter kürzlich in einem Interview. Dieses Übermaß an Pferdestärken fördert, ja fordert fast automatisch eine Zwei-Spuren-Gesellschaft. Und bei dieser fröhlichen PS-Aufrüstung mildert nur die ebenfalls hochgerüstete Sicherheitstechnik unserer fahrbaren Untersätze die Gefahren von Verletzung und Tod.

Über das Für und Wider eines generellen Tempolimits wird hart gestritten. Je nach Perspektive sprechen viele Gründe dafür, andere lassen die Auswirkungen nicht so folgenreich erscheinen wie prognostiziert. Die Statistik für 2019 verrät, dass von 3059 Verkehrstoten in Deutschland nur 356 bei Unfällen auf der Autobahn starben. Deutschland hat sogar deutlich weniger Verkehrstote pro 100 000 Einwohner als die USA. So viel zur Statistik. Gefühlt allerdings sieht sie Sache anders aus, denn die Mehrzahl der Deutschen empfindet die Autoroutes in Frankreich oder den Niederlanden einfach entspannter und sicherer. Und fühlt sich nach dem Urlaub, zurück auf der deutschen Autobahn, zuweilen wie im Tollhaus.

In der Nähe von Bückeburg schlängelt sich die A 2 aus der norddeutschen Tiefebene durch die winterlich verschneiten Hänge des Wesergebirges. Die Talbrücke von Schermbeck ist eine von mehreren 1938 erbauten Gewölbebrücken aus Wesersandstein.

Laut OECD sind Autobahnen weltweit der sicherste Straßentyp – das Risiko auf einer Autobahn zu sterben, ist sechsmal geringer als auf der Landstraße. Statistisch lässt sich aber auch ein Zusammenhang zwischen Tempolimit und weniger Verkehrstoten erkennen. Denn 2016 sind auf deutschen Autobahnen mit Tempolimit ein Viertel weniger Menschen zu Tode gekommen als auf Autobahnen ohne Geschwindigkeitsbegrenzung.

Eine generelle Geschwindigkeitskontrolle gefährde den Autoexport – argumentieren die Befürworter des Status quo. Ob sich deutsche Autos wegen des Siegels »Autobahn tested« besser verkaufen, sei dahingestellt. In der Tat sind 2020 in der Summe (ohne die tempolimitierten Baustellenbereiche) nur rund 3900 Autobahnkilometer (30 Prozent) einer Tempobeschränkung unterworfen. Auf den restlichen gut 9100 Kilometern gilt eine Richtgeschwindigkeit von 130 km/h. Auf den glatten, breiten Fahrbahnen einer dreispurigen A 9 ist bei wenig Verkehr auch mal Tacho 200 drin, ohne andere zu gefährden. Das zieht Fans des schnellen Verbrenners weltweit magisch an.

»Drive on the No-Speed-Limit German Autobahn« bewirbt in Florida ein Reiseunternehmen namens Fast Lane Travel den Geschwindigkeitskitzel als Urlaubsziel: Eine Woche »volles Rohr« im Elfer-Porsche oder Boxster auf dem Autobahnspielplatz kostet ab 5200 Euro. Das Hochgeschwindigkeitsreservat lockt auch Scharen neureicher chinesischer Touristen, die organisierte Pauschaltouren im BMW oder Audi buchen, um ein paar Tage über den Freeway zu brettern. An der Aggressivität auf deutschen Autobahnen tragen ein paar Speed-Junkies aus Übersee allerdings sicher keine Schuld. Da müssen wir uns selber an die Nase fassen. Ohnehin müssen Aggression und Geschwindigkeit ein wenig auseinandergehalten werden. Breite und ebene Fahrbahnen erlauben eben höhere Geschwindigkeiten, so hat es zweifellos seinen Reiz, auf freier Strecke mit Tempo 200 und mehr seinem Ziel entgegenzurasen. Extrem greifende Hightech-Bremsen, Assistenzsysteme oder die getestete Unfallsicherheit vermitteln die Illusion der Unverletzlichkeit.

Nebelschwaden über der Autobahnbrücke der A 1 bei Daun in der Eifel. Ein paar Kilometer weiter klafft zwischen Blankenheim und Kelberg immer noch eine Lücke von 25 Kilometern.

Die Geschwindigkeitsextreme führen jedoch auch zu unkalkulierbaren Grenzsituationen. Was, wenn ein Senior in seinem betagten Mercedes-Diesel das Tempo des Fahrzeugs auf der Überholspur unterschätzt oder es gar übersieht? Nicht die Geschwindigkeit per se macht die Gefahr aus, sondern die enorme Spannbreite der Geschwindigkeiten auf Autobahnen sowie menschliches Versagen oder eine Pannensituation. Vor allem, wenn die Hierarchie der PS eingefordert wird. Denn es gibt sie leider: unverantwortliche Raser, die mit einer Mischung aus Naivität, Dummheit und Selbstüberschätzung andere gefährden, indem sie sich im rollenden Verkehr daran messen, höchstmögliche Geschwindigkeiten zu erzielen. Aber die Autobahn ist nicht der Nürburgring, wo alle mit hohem Adrenalinspiegel fahren können und dürfen.

Was meinen die Bürger zum Thema Richtgeschwindigkeit 130? Die deutsche Autofahrerseele ist gespalten, gut die Hälfte der Befragten spricht sich für ein Tempolimit aus. Aber eben nur die Hälfte. Daran wird sich auch so bald nichts ändern. Wir Deutschen haben eben ein besonderes Verhältnis zum Automobil. Oder wie es der geschätzte Schriftsteller Wolfgang Büscher (literarisch meist »per pedes« unterwegs) einmal auf den Punkt brachte: »Was dem Ami die Knarre, ist dem Deutschen die Karre«.

Stellplatz-»Idylle« am Moselufer im Weindorf Longuich. Hoch darüber schwingt sich die A 1 nach der Moselüberquerung am Dreieck Moseltal bei Schweich über die Fellertalbrücke hinauf in den Hunsrück. « Seite 60/61

Die 90 Kilometer lange Verbindung der A 1 zwischen dem Kamener Kreuz und dem Kreuz Leverkusen A 1, hier bei Remscheid, wird auch »Ruhrtangente« genannt, ein wichtiges Teilstück der von der Ostsee bis ins Saarland führenden Strecke. ‹

Die Untertunnelung der A 7 am Flecken Reinertshof wurde zum Schutz des Landschaftsbildes am Hopfensee bei Füssen gebaut. Die A 7 ist zwischen der dänischen Grenze bei Flensburg und der österreichischen Grenze bei Füssen mit 962 Kilometer die längste durchgehende Autobahnstrecke in Deutschland. ‹

Seit 80 Jahren schon schlängelt sich die A 2 bei Bückeburg elegant durch das Schaumburger Land. Bewusst geformte Straßenbaukunst: Kurven sollen das Fahren weniger ermüdend gestalten. ›

Dresden
Chemnitz
Gera
Hermsdorf-Ost
4
Berlin
Halle (Saale)
Leipzig
München
9 500 m
Dresden
Chemnitz
Gera
Hermsdorf-Ost
4
100

Schilderwald der A 4 an der Teufelstalbrücke. Viele der heute genormten Beschilderung und Vorwegweiser wurden in den 1970er-Jahren im Institut für Angewandte Psychologie der TU Braunschweig entwickelt und getestet.

Am Airport Leipzig überquert ein Flieger die A 14 auf dem Weg zum Terminal. Ein paar Kilometer entfernt, kreuzt die A 14 die A 9 am Schkeuditzer Kreuz.

2003 wurde südlich von Jena der 600 Meter lange Lobdeburgtunnel als Lärmschutzmaßnahme der A 4 in Betrieb genommen.

51
8

Zwei konkurrierende Netze: Deutsche Bahn und Bundesautobahn. Links die ICE-Schnellstrecke Köln-Frankfurt neben der A 3 bei Neuwied. Das 33 000 Kilometer lange Schienennetz ist am Limit. Wollte die Bahn nur 10 Prozent des Straßenverkehrs übernehmen, müsste sie ihre Kapazitäten verdoppeln. Aber zu wenige Milliarden fließen derzeit in Neu- und Ausbau der Schiene. In der Schweiz werden jährlich pro Einwohner 365 Euro in den Schienenverkehr investiert, in Deutschland gerade mal 77 Euro.

Verkehrskreuz Frankfurt. Die auf der Nordwestbahn des Frankfurter Flughafens gelandeten Jets überqueren auf dem Weg zum Terminal die stark befahrene A 3. Am »The Square« des Frankfurt Airport Terminal berühren sich die ICE-Schnellstrecke von Köln sowie die A 3.

Ein paar Kilometer weiter verbindet das Frankfurter Kreuz A 3 und A 5. 350 000 Fahrzeuge fahren täglich über das Kreuz, vom Airport starten oder landen täglich fast 200 000 Passagiere und per Bahn sind es 450 000 Fahrgäste am Tag. Wir befinden uns am wichtigsten Verkehrsknotenpunkt Europas. Nicht zu vergessen die Datenströme der gigantischen und energiefressenden Server. In Frankfurt ist DE-CIX, der weltweit größte Internetknoten, angesiedelt.

KPMG
Frankfurter Kreuz
50
1500 m

80

Jede Emsüberführung eines Kreuzfahrtschiffs der Meyer-Werft bewegt sich über die A 31. Bis zur Nordsee sind von der Werft 40 Kilometer zu überwinden. Jeder Zentimeter Wasser unter dem Kiel zählt. Deshalb muss der vergleichsweise kleine Fluss immer angestaut werden, was den Zorn der Naturschützer erregt. Fast einen Tag sind die Kreuzfahrtriesen durch die flache norddeutsche Tiefebene unterwegs.

215
Autozoom

Zwischen Stillstand und Höchstgeschwindigkeit. Nur rund 3900 Kilometer (30 Prozent) unseres Autobahnnetzes sind einer permanenten Tempobeschränkung unterworfen. Auf den restlichen gut 9100 Kilometern gilt eine Richtgeschwindigkeit von 130 km/h. Nicht die Geschwindigkeit per se macht die Gefahr aus, die Geschwindigkeitsextreme führen im dichten Verkehr leicht zu unkalkulierbaren Grenzsituationen und Unfällen.

Von 83 Autobahnbrücken der Neubaustrecke im Thüringer Wald sind 30 Großbrücken. Die rechts abgebildete Werra-Brücke der A 71 bei Meiningen ist die längste in Thüringen. Die Talbrücke Schindgraben der A 71 bei Rohr (oben) muss regelmäßig wegen Sprengarbeiten von der Polizei kurzfristig gesperrt werden, denn Ihre Pfeiler stehen in einem operierenden Steinbruch. Die Hasetalbrücke der A 73 überspannt in 82 Metern Höhe den Stadtteil von Suhl-Heinrichs.

22
Meiningen-Süd
1000 m
DIEM
DIEM
HYMER

Weight
and
speed
monito-
ring

Vorläufiges Ende einer Autobahn. Seit über einem halben Jahrhundert wird um den Lückenschluss der A 1 in der Eifel gerungen. Im letzten Jahrzehnt sind ein paar Kilometer Strecke dazugekommen, aber noch immer klafft zwischen Blankenheim und Kelberg eine Lücke von 25 Kilometern, mit weitreichenden Folgen für anliegende Eifeldörfer. « **Seite 78/79**

Die Köhlbrandbrücke im Hamburger Hafen ist im engen Sinne keine Bundesautobahn, sichert aber die Zufahrt zum Hafen und wurde auch als Autobahnbrücke der Hafenquerspange geplant. Hamburg, das »Tor zur Welt« hat es aber seit Kriegsende nicht geschafft, einen geschlossenen Autobahnring um die Stadt zu legen. Und deshalb bleiben in Hamburg Staus berüchtigt. Auch die Köhlbrandbrücke soll abgerissen und durch eine neue mit noch höherer Durchfahrtshöhe ersetzt werde. Das Wann steht in den Sternen. ‹

Farben der Nacht. Diese Radaranlage an der A 2 bei Peine ist in der Regel mit der elektronischen Warnbrücke verknüpft. Vor Radarfallen wird meist noch 100 Meter vorher gewarnt. In diesem Fall hat es ohne Tempolimit einen Reisebus erwischt. Rechts ist es für Abfahren zu spät, Bremslichter kündigen einen Stau an.

Das Bosch-Parkhaus am Airport Stuttgart erstreckt sich über die A 8 und wurde 2007 für 4000 Stellplätze für die Neue Messe Stuttgart in Betrieb genommen.

STAUS UND BRÖSELBRÜCKEN ››› Von Finanzmitteln und Kosten

Brücken verbinden, sie waren in allen Menschheitsepochen technische Herausforderungen zur Überwindung natürlicher Hindernisse zwischen Lebensräumen. Aber nicht nur die Brücken aus Stein, auch Beton und Stahl können eine ästhetische Wirkung entfalten – viele der Hochbrücken in Deutschland sind architektonische Meisterleistungen. Selbst kostengünstige Brücken müssen nicht hässlich sein. Schlankheit und Proportionen, klare Tragwerke und Sichtbarmachung des Kraftflusses machen Brücken zu Kunstwerken, zu architektonischen Denkmälern in der Landschaft. Die Ästhetik der Funktion muss überzeugen. »Form follows function«, wie es die Architekten der Chicago School Ende des 19. Jahrhunderts treffend formulierten.

Europas spektakulärste, höchste und schönste Autobahnbrücke überspannt seit 2004 bei Millau in Südfrankreich das Flusstal des Tarn und wurde vom Stararchitekt Sir Norman Foster, verantwortlich auch für den Berliner Reichstag, entworfen. Bis zur Einweihung des Viaduc de Millau war die A 6-Brücke über das Kochertal die höchste. Für Deutschland ist sie es geblieben. Auch sie hat einen berühmten Ingenieur: Fritz Leonhardt, der weltweit wie kaum ein anderer neue Wege bei der Brückengestaltung ging. 1939 war er schon als Assistent am Bau der Hängebrücke über den Rhein bei Köln-Rodenkirchen beteiligt – noch immer eine der schönsten Autobahnbrücken der Republik. Mit der deutschen Wiedervereinigung entstanden im Thüringer Wald eine Reihe spektakulärer Hochbrücken. Die Y-Trasse von A 71 und A 73 wird gerne als »Autobahn der Superlative« oder »Lehrpfad für Brückenbauer« tituliert.

Neben der oft dramatischen Wirkung als Anti-Landschaft zeichnen hohe Talbrücken auch die geringe Lärmbelästigung aus. Unten im Tal ist vom automobilen Brausen und Rauschen nichts mehr zu hören. Wie Spielzeugautos sieht man Ketten von Lkw in luftiger Höhe über die Brücke gleiten, nahezu geräuschlos – wie in einer anderen Welt. Als Vision wird bereits der Bau von Carbon-Brücken angedacht. Welche Formen könnten mit diesem leichten und zehnfach belastbareren Baustoff als Stahl wohl entstehen? Aber lösen sie das Verkehrsproblem?

Bleiben wir bei der Realität – und die sieht eher düster aus. Knapp 40 000 Brücken befinden sich aktuell im Netz der Bundesfernstraßen, 28 000 davon sind Autobahnbrücken. Viele der großen Talbrücken wurden zwischen 1965 und 1985 gebaut. Das gerät nach Jahrzehnten ungeahnter Belastung zum Problem. Aktuell ist jede zehnte Brücke ein Sanierungsfall, nur 13 Prozent sind in gutem oder sehr gutem Zustand. Solche in die Jahre gekommenen Problembrücken, bei denen lange versäumt wurde, in die Erhaltung zu investieren, gibt es zuhauf. Und einige, wie die Rader Hochbrücke über den Nord-Ostsee-Kanal oder die Schiersteiner Autobahnbrücke über den Rhein, haben ihr »Verfallsdatum« längst überschritten. Hier müssen Tagespendler zwischen Mainz und Wiesbaden noch bis Ende 2021 Nerven wie Drahtseile haben.

Im Sommer 2012 war die neue Brücke der A 7 über das Sinntal noch im Bau, sie wurde erst im Dezember dem Verkehr übergeben. Die 1967 im Rahmen der neuen Rhönautobahn in Betrieb genommene Balkenbrücke war den Belastungen nicht mehr gewachsen, denn das Verkehrsaufkommen hatte sich bis 2010 versechsfacht. 2013 wurde die alte Brücke rechts unter großer Zuschauerbeteiligung eindrucksvoll präzise gesprengt. ‹

Die kühne Talbrücke Nuttlar der A 46 im Sauerland, 2019 in Betrieb genommen, ist als Stahlverbundkonstruktion mit einer lichten Höhe von 115 Metern die höchste in NRW.

Die Grenzwaldbrücke wurde in den 1960er-Jahren gebaut und überspannt in 96 Metern Höhe das Tal der Kleinen Sinn.

Der verheerende Einsturz der in Genua in den 1960er-Jahren gebauten Morandi-Autobahnbrücke hat hierzulande alle Alarmglocken läuten lassen. Wie sieht es bei uns aus? Das Resultat: Wir haben keine »italienischen Verhältnisse«, betonen die Verantwortlichen, »aber wir haben arge Probleme«. Die Bundesanstalt für Straßenwesen (BASt) überprüft regelmäßig alle Brücken nach DIN 1076. Alle sechs Jahre gibt es eine Hauptprüfung, bei der auch schwer zugängliche Teile »handnah« gecheckt werden. Eine einfache Prüfung schließt sich nach drei Jahren an, jährlich gibt es eine Sichtprüfung. Die Bundesanstalt vergibt Noten von 1 bis 4. Ab der Notierung 3,5 sind »Standsicherheit und/oder Verkehrssicherheit erheblich beeinträchtigt«. Zehn Brücken bekamen 2018 die Note 4. Als eine der schlimmsten »Bröselbrücken« gilt die Rheinbrücke auf der A 40 in Duisburg-Neuenkamp, 1970 für täglich 30 000 Autos gebaut. Im Jahr 2018 lag die Belastung bei 100 000 Fahrzeugen, davon ein Zehntel Schwerlaster. Bis die neue 2022 in Betrieb geht, quält sich der Verkehr über eine Behelfsbrücke.

Römische Brücken stehen bis heute. Die Steinerne Brücke in Regensburg über die Donau, Deutschlands älteste Straßenbrücke, dient seit 1146. Warum sind unsere Betonbrücken schon nach drei Jahrzehnten nicht mehr sicher? Weil die Planer und Ingenieure in den 1970er-Jahren, als die meisten Hochbrücken in Deutschland entstanden, die ungebremste Zunahme des Güter- und Pkw-Verkehrs nicht einmal annähernd erahnten und die Bauwerke für einen Bruchteil der Belastung berechnet wurden. Lag vor ein paar Jahrzehnten das Höchstgewicht eines Brummis bei 24 Tonnen, so sind es heute 44 Tonnen, die Achslasten stiegen von 8,0 im Jahr 1956 auf nunmehr 11,5 Tonnen. Und seit 1980 hat sich der Gütertransport auf der Straße verfünffacht.

Die Öffnung der innerdeutschen Grenze brachte einen sprunghaften Anstieg des Verkehrsaufkommens. Nach 1989 hatte sich die Zahl der Lastwagen bis 2008 verdoppelt. Und das war längst nicht das Ende der Fahnenstange. Betrug 2018 die Verkehrsleistung des Lkw-Güterverkehrs noch 500 Milliarden Tonnenkilometer (72 Prozent der Binnenverkehrsleistung), werden für 2030 schon 607 Milliarden Tonnenkilometer prognostiziert. Vor allem die vormalige Transitstrecke A 2 zwischen den boomenden osteuropäischen Staaten und dem Rest Europas, im Brummi-Jargon auch »Warschauer Allee« genannt, hat längst die Belastungsgrenze erreicht und droht zu kollabieren. Das gilt auch für Kreuzungspunkte wie etwa das Frankfurter Kreuz. Der ungebremste Wahnsinn ist auch ohne Statistik an den überfüllten Lkw-Parkplätzen und schier endlosen Schlangen von Lastwagen zu erkennen.

DIE LAST DER BRÜCKEN MIT DEN LASTERN

Die Beanspruchung von Fahrbahnen und Brücken durch Verkehr und Tonnage ist enorm, sie ist allerdings nicht einfach linear. Beispiel: Ein Kleinwagen mit einer Tonne Gewicht bringt 500 Kilo pro Achse auf die Fahrbahn, ein 40-Tonner mit vier Achsen jeweils 10 Tonnen – das Zwanzigfache. Aber nicht allein das Gewicht wird zum Problem, sondern auch die Schadenswirkung der Schwingungen. Und die steigen – so haben Ingenieure der TU Hamburg im Prüflabor getestet – mit der vierten Potenz der Achslast: 20 x 20 x 20 x 20 – oder 160 000 Mal größer. Für Laien schwer zu verstehen, aber ein einziger 44-Tonner belastet den Fahrbahnbelag oder eine Brückenkonstruktion 160 000-mal mehr als ein Pkw.

Die Köhlbrand-Brücke ist mit 3618 Metern die zweitlängste Straßenbrücke Deutschlands, aber genau genommen nur ein Autobahnzubringer zur A 7. Sie überquert mit einer Durchfahrtshöhe von 51 Metern den Hamburger Hafen.

Vor allem der Werkstoff Beton erweist sich über die Jahrzehnte als problematisch, insbesondere dann, wenn durch Risse Feuchtigkeit bis zur Stahlbewehrung vordringt. Stahlbrücken sind deutlich weniger anfällig. Aber auch die Leverkusener Rheinbrücke, eine Stahlbrücke, ist exemplarisch für das Problem. Ihr Ruf als »Schrottbrücke« führt jedoch auf die falsche Spur. Denn 1965 wurde die vierspurige Brücke als solide konstruiertes Bauwerk eingeweiht, konzipiert für täglich 40 000 Kraftfahrzeuge. Damals querten gerade mal 30 000 Fahrzeuge auf der A 1 den Rhein, die Lkw brachten nicht 44 Tonnen, sondern nur die Hälfte auf die Waage. 20 Jahre nach Inbetriebnahme waren es schon 60 000 Fahrzeuge und 2012 dann 120 000, davon 14 000 Schwerlaster. Um dem Verkehr Herr zu werden, wurden die Standstreifen 1986 zu Fahrstreifen umgewandelt und die Brücke sechsspurig aufgepeppt. Mit fatalen Folgen. Denn gerade auf den äußeren auskragenden Fahrbahnen rollen die schwersten Fahrzeuge und führen zu ungeahnten Materialermüdungen. Nach 55 Jahren ist die Leverkusener Rheinbrücke nun fix und fertig – ein Notfall.

Schon 2012 attestierten ihr die amtlichen Brückenmonitore einen »kritischen Bauwerkszustand«, vier Jahre später empfahlen Gutachter den Neubau. Im Brücken-Hohlkasten und in Seilkammern waren zunehmend beängstigende Risse entdeckt worden. Seitdem arbeiten Teams von bis zu 20 Schweißern im stählernen Tunnel der Brücke und verstärken in Sisyphus-Arbeit alle erkennbaren Schwachstellen. In der Hoffnung, dass die Brücke noch bis zur Eröffnung der neuen befahrbar bleibt. Aktuell attestiert die Bundesanstalt für Straßenwesen der Rheinbrücke die Note 3,9 – »ungenügender Zustand«. Sie ist seit 2014 für Lkw über 7,5 Tonnen gesperrt, der Verkehr wird mit einer martialischen Radaranlage auf 60 km/h gedrosselt. Wann die neue Brücke in Betrieb gehen wird, steht in den Sternen, aber unter keinen guten. Im Stahlland NRW war der Baustahl aufgrund des günstigen Preisangebots im fernen China geordert worden. Doch die Bauteile aus chinesischem Billigstahl wurden schon bei ihrer Anlieferung wegen fehlerhafter Schweißnähte und anderer Qualitätsmängel als Schrott eingestuft. Und nun streiten sich TÜV, Behörden, Bauträger und chinesische Lieferanten, wer denn schuld sei.

WER SOLL DAS BEZAHLEN, WER HAT SO VIEL GELD?

Allein für die bundesweiten Sanierungen der Autobahnbrücken im Transportkreuz Europas wird der Finanzbedarf bis 2030 auf über 9,3 Milliarden Euro geschätzt. Für die Sanierung des Autobahnnetzes beziffert das Verkehrsministerium sogar einen Bedarf von 67 Milliarden. Und da stellt sich die Frage: Wo soll das viele Geld herkommen? Aus dem Steuersäckel? Oder werden nur Autobahnnutzer zur Kasse gebeten? Wenn 160 000 Pkw

Die Spannbeton-Balkenbrücke der A 71 über das flache Werratal bei Meiningen zählt mit 1194 Metern zu den längsten in Deutschland.

Deutschlands einzige private Autobahnbrücke erlaubt seit 1961 Golfern des Golfclubs Hannover die Querung der A 2 bei Garbsen. Der Zugang wird mit einer Ampel geregelt.

eine ähnliche Belastung darstellen wie ein einziger 44-Tonner, ist klar: eine Maut für Lastverkehr muss her. So wurde 2002 ein öffentliches Unternehmen gegründet, mit dem Zweck, auf deutschen Autobahnen ein System für die Einnahme einer Lkw-Maut aufzubauen. Die GmbH »Toll Collect« (vom englischen »Maut einsammeln«) gehörte zunächst anteilig Telecom (45 Prozent), Daimler (45 Prozent) und Cifitroute (10 Prozent). Die 17 000 (!) Vertragsseiten entwickelten sich zwangsläufig zu einem weitläufigen Boxring für endlose Prozesse zwischen Bund und Toll Collect. Seit September 2018 ist der Bund Eigentümer von Toll Collect.

Heute ein selbstverständlich anerkanntes System zur Finanzierung der durch den Schwertransport verursachten Schäden, hatte die Lkw-Maut allerdings einen denkbar schwierigen Start. Mit der Mineralölsteuer wäre schon genug gezahlt, rechtfertigten die Fuhrunternehmer ihre Ablehnung. Und 2003 argumentierte auch die amtierende EU-Kommissarin vehement dagegen: Da die meisten Autobahnen längst finanziert und abgeschrieben seien, könne die Maut nur schwerlich für Bau- und Unterhaltskosten verwendet werden, lautete ein abstruses Argument. Doch das Contra aus Brüssel hatte keinen Erfolg. Seit 2005 werden die Brummis auf deutschen Autobahnen zur Kasse gebeten, seit 2012 auch auf belasteten Bundesstraßen. Ein weltweit einmaliges System.

Über eine mit GPS und Satellit verbundene On-Board-Unit (OBU) werden die Fahrstrecken aller Lastkraftwagen kilometergenau erfasst und vollautomatisch abgerechnet. Die Strecke kann aber auch ohne OBU via Internet manuell gebucht und bezahlt werden. Die Höhe der Gebühren hängt von der Zahl der Achsen, den gefahrenen Strecken und dem Schadstoffausstoß ab. Ein 18-Tonner mit vier Achsen und Euro-Norm-3 zahlt beispielsweise 24 Cent pro Kilometer. Über 300 Mautkontrollbrücken und 600 Kontrollsäulen (an Bundesstraßen) sorgen dafür, dass niemand unerkannt (beispielsweise durch Ausschalten des OBU) durchschlüpfen kann. 2019 beliefen sich die Einnahmen durch die Maut auf 7,5 Milliarden Euro. Der Vergleich zum Vorjahr (die Einnahmen stiegen um 2,3 Milliarden oder 44 Prozent) zeigt die extrem ansteigende Lastverkehrskurve. Über den Daumen gepeilt, stammen 60 Prozent der Mauteinnahmen von deutschen und 40 Prozent von ausländischen Fernlastern. Ob eine bürokratiebelastete, teure Pkw-Maut angesichts der deutlich geringeren Last da noch Sinn macht?

Wer sich von der Maut allerdings eine regulierende Wirkung auf die Verkehrsflüsse erhoffte, wurde enttäuscht. Denn nach wie vor verlaufen die häufig unnötigen Lieferketten kreuz und quer durch Europa, und die Förderung örtlich verdichteter Transportwege blieb weitgehend aus. Noch

Wo ist das Ende der Fahnenstange? Von 1989 bis 2008 hatte sich der Schwerlastverkehr verdoppelt. 2018 lag die Verkehrsleistung des Lkw-Güterverkehrs bei 500 Milliarden Tonnenkilometer (72 Prozent der Binnenverkehrsleistung), und für 2030 werden über 600 Milliarden Tonnenkilometer prognostiziert.

immer entfallen 70 Prozent des Lastverkehrs auf die Straße, sprich Autobahn. Mit einem »Zukunftsbündnis Schiene« des BMVI sollen Transport und Passagierströme auf die Schiene umgelenkt werden. Engagierte Verkehrsexperten fordern, die Menschen mit einem bundesweit kostenfreien ÖPNV aus ihren Autos zu locken und entsprechend zu investieren. Das wird nicht nur sehr teuer werden, sondern ist leider auch ein Plan abseits der Realität. Denn die Bahn müsste – so Experten – ihre Kapazität verdoppeln, sollte sie nur 10 Prozent des Straßenverkehrs übernehmen. Diese Verdopplung der Kapazitäten sieht der »Masterplan Schienengüterverkehr« bis 2030 vor, aber es passiert nicht viel. Zu wenige Milliarden fließen derzeit in den Neu- und Ausbau der Schiene. Hier sei ein Blick auf unsere Schweizer Nachbarn empfohlen. Dort werden jährlich pro Einwohner 365 Euro in den Schienenverkehr investiert, in Deutschland gerade mal 77 Euro.

Welche Straßen in Deutschland neu gebaut oder ausgebaut werden, regelt aktuell der Bundesverkehrswegeplan 2030. Er wurde 2016 mit dem sperrigen Namen »Sechstes Gesetz zur Änderung des Fernstraßenausbaugesetzes« vom Bundestag verabschiedet und legt den Bedarfsplan für Fernstraßen fest – mit der Betonung »Erhalt vor Neubau«. Das bedeutet, 70 Prozent der geplanten Finanzmittel werden für den Erhalt der Infrastruktur verwendet. Dabei fließen die meisten Finanzmittel in überregional wichtige Projekte, um die Hauptachsen funktionsfähig zu erhalten. Außerdem sollen Engpässe bei den Hauptverkehrsachsen beseitigt werden. Das bezieht sich auf 2000 Kilometer Autobahn und 800 Kilometer Gleisstrecke. Für den Umstieg auf die Bahn wären aber mehr Strecke, Lagerkapazitäten und Gleisanschlüsse notwendig. Doch da fehlt einfach das Geld. Oder vielleicht schlicht der Wille?

Ein einziger Kilometer Autobahn kostet nicht nur 27 Millionen Euro (die reinen Baukosten liegen bei nur 6 Millionen Euro), beim Autobahnbau bleibt ohne Frage auch wertvoller Natur- und Lebensraum auf der Strecke. Dieses größte zusammenhängende Bauwerk der Republik macht zwar kaum 2 Prozent aller unserer Straßen aus, das als Fremdkörper wahrgenommene »Motormonster« übernimmt jedoch über ein Drittel der jährlichen Fahrkilometer. Viele Kilometer davon sind allerdings ohne erkennbaren Nutzen, werden Kritiker einwenden – und auch, dass neue Autobahnen auch mehr Benutzer anziehen, als sie am Ende aufnehmen können. Schon 1981 wurden in den USA die Stadtautobahnen als »die kürzeste Verbindung zwischen zwei Staus« bespöttelt. Auch bei uns sind die Stauhochburgen meist Stadtautobahnen. »Wer Straßen sät, wird Verkehr ernten«, warnen die Gegner, auch sie können sich auf Fakten stützen. Denn immer mehr private Kilometer werden auf der Autobahn zurückgelegt.

Fakt ist: Solange die Transportkosten via Autobahn so konkurrenzlos billig bleiben, werden auch weiterhin gewaltige Warenmengen für geringste Produktionsvorteile kreuz und quer durch Europa geschickt. Der Lkw wird der Bahn aus »Bequemlichkeit« vorgezogen. Daran trägt das Management der Deutschen Bahn mit dem gescheiterten Börsengang auch mehr als ein gutes Quäntchen Mitschuld. Doch solange sich Fernstraßen und Autobahnen für die Industrie als preiswerte Zwischenlager für Lieferketten »just-in-time« oder Produktion »on demand« rechnen, muss der Staat notgedrungen marode Fahrbahnen ausbessern und neue Verkehrswege realisieren. Ansonsten droht dem »Patienten« Autobahn der Infarkt. Allerdings dürften nicht nur enorme Finanzmittel in die Prophylaxe fließen, auch die Nutzungsgebühren, vor allem des Schwerlastverkehrs, müssten (wie die Beitragszahlungen in die Krankenkasse) drastisch angepasst werden. Solange das nicht geschieht, ist ein Umdenken und Umlenken nicht zu erwarten.

Autobahnbaustellen sind nicht nur zur Ferienzeit eine Hauptursache von Staus. Da gilt es, die Kinder (»Wie lange dauert's noch?«) bei Laune zu halten.

GIBT ES EIN LEBEN OHNE STAU?

Endlose Baustellen? Stau bis zum Mond? Während im Ausland viele mit Deutschland gern den Begriff »Autobahn« verbinden, fällt befragten Deutschen bei »Autobahn« als Erstes »Baustellen« und »Staus« ein. Im Stau zu stehen, gehört inzwischen zum deutschen Alltag. Und Unfälle sind mit Abstand der häufigste Verursacher von Staus. Die anderen Übeltäter sind schnell gefunden: Baustellen und – ganz simpel – Planungsversagen. Immer zur Urlaubszeit oder an sogenannten Brückentagen kommt die Nation zum Stillstand, bilden sich auf den Autobahnen endlose Staus. Zu viele sind dann gleichzeitig unterwegs. Zyniker meinen sogar, der Stau gehöre inzwischen zum Ferienerlebnis der Deutschen.

Der ADAC veröffentlicht alljährlich aufschlussreiche Staubilanzen. Sobald Fahrzeuge auf einem Autobahnsegment von 500 Metern für fünf Minuten unter 40 km/h fahren, spricht der Automobilclub von stockendem Verkehr, unter 20 km/h von Stau. In der offiziellen Staubilanz werden beide zu Staukilometern addiert. Die Zahlen aus der immer wieder gerne veröffentlichten Jahresstaubilanz, wie 1,4 Millionen Staukilometer oder eine halbe Million Staustunden auf deutschen Straßen im Jahre 2019, bleiben allerdings zu abstrakt, sie eignen sich eher für bildhafte Schlagzeilen wie »Stau bis zum Mond«. Das Wissen, die jährliche Gesamtlänge aller Staus auf deutschen Autobahnen entspreche dem 35-fachen Erdumfang, verstärkt nur das Gefühl vom »Alptraum Autobahn«. Beängstigend ist allerdings der Fakt, dass sich die Staustunden innerhalb von vier Jahren verdoppelt haben.

Bezogen auf das gesamte Bundesnetz lesen sich die Zahlen aber etwas weniger deprimierend. Laut Datenbank des BMVI summierten sich 2019 die Staukilometer der Republik an einem Donnerstag zwischen 16 und 17 Uhr auf 607 Kilometer. Im Schnitt aller Werktage Montag bis Freitag im selben Zeitfenster waren es rund 525 Kilometer. Da die Staus fahrtrichtungsgetrennt erfasst werden, bedeutet das im Umkehrschluss: rollender Verkehr auf 25000 Fahrbahnkilometern. Und trotzdem bleibt das sonderbare Phänomen, dass von einer längeren Autobahnfahrt vor allem die Minuten im Stau im Gedächtnis bleiben. Die freie, unbeschwerte Fahrt auf den restlichen Kilometern wird als selbstverständlich hingenommen. Wie die Luft zum Atmen.

In den Staubilanzen des Automobilclubs erfahren die Leser auch viel über Staumuster und Hotspots. Bei den Fernautobahnen liegt die A3 Linz–Passau an der Spitze der Staulängen, gefolgt von der A3 Oberhausen–Köln und der A8 Stuttgart–Karlsruhe. In Ballungsräumen ist die A40 Dortmund–Essen Spitzenreiter, gefolgt von der A255 Neue Elbbrücke–Hamburg-Süd. Bei den Bundesländern liegt Nordrheinwestfalen mit einem Drittel aller Autobahnstaus vorne, gefolgt von Bayern mit einem Fünftel. Vor allem in urbanen Zentren wie in München, im Großraum Frankfurt, auf dem Kölner Ring, in Hamburg und auf einigen Ruhrpott-Strecken müssen sich Berufspendler ein robustes Nervenkostüm anziehen.

Wir Automobilisten wollen glatte, dreispurige Fahrbahnen, sind aber von Baustellen und Staus genervt. Dann verengt sich der Blick, der Blutdruck steigt, und die ganz notorischen Rechthaber passieren gelegentlich dauerhupend Baustellen. Dabei können sie selbst dazu beitragen, Staus zu verhindern. Wohlgemerkt, ein Stau entsteht nicht nur durch Baustellen. Es gibt auch den Stau aus dem Nichts, weil zu viele Autofahrer partout nicht im Strom mitschwimmen wollen. Die Faustregel lautet: Je schneller der Verkehr rollt, desto rascher baut sich allein durch Fahrfehler, Fahrbahnwechsel und abbremsende Autos ein Stau auf. Dann führen schon kleine Geschwindigkeitsdifferenzen, die durch Fahrfehler (Elefantenrennen, zu dichtes Auffahren oder zu langsames Fahren auf der Überholspur) entstehen, zu Kettenreaktionen, und das Abbremsen kann sich aufbauen – bis zum Stillstand. Einige Stauschwerpunkte sind jedoch hausgemacht. Hamburg zum Beispiel. Eine der größten Hafenstädte Europas, »Tor zur Welt« mit 1,8 Millionen Einwohnern, leidet seit vielen Jahrzehnten unter

Nur eine Minischwelle trennt auf einer Baustellendurchfahrt der A 3 bei Aschaffenburg die engen Überholspuren. Vorsicht! Sicherheit bietet sie keinesfalls.

Unfallbedingter Megastau auf der A 8 an einer Großbaustelle bei Merklingen.

Im Frühjahr 1994 wurde ein 4800 Tonnen schwerer Eimerkettenbagger aus dem stillgelegten Tagebau Klettwitz-Nord in den 45 Kilometer entfernten Tagebau Welzow-Süd verlegt. Hier passiert er die A 13, die für ein Wochenende gesperrt war.

dem lückenhaften Autobahnring. Schon 1926 in der Weimarer Republik war im Rahmen der HAFRABA-Pläne eine vollständige Umkreisung Hamburgs konzipiert. Aber auch fast 100 Jahre später und knapp 80 Jahre nach Kriegsende hat es die Politik nicht geschafft, einen geschlossenen Autobahnring um die Stadt zu legen. Dem »Hamburger Ring« fehlt immer noch ein fast 30 Kilometer langes Stück zwischen der A 20 bei Bad Segeberg und der A 7 bei Bad Bramstedt. Die östlichen 10 Kilometer werden seit Jahrzehnten aufgrund vorhandener oder vermuteter Fledermaus- und Haselmaus-Populationen verhindert. Die Naturschutzverbände NABU und BUND haben in der Sache auch schon vor dem Bundesverwaltungsgericht gewonnen – mit dem Hinweis auf EU-Auflagen. Und den westlichen 20 Kilometern blüht wohl das gleiche Schicksal: Hier wird mit EU-Wasserrecht argumentiert. Und so müssen weiterhin alljährlich Abermillionen Tonnen auf Stadtstraßen zum Hafen gebracht werden und Hamburger Tag für Tag im Stau stehen – und hoffen, dass wenigstens der A 20-Elbtunnel bei Glückstadt bis 2028 glückt.

BRAUCHEN WIR AUTOBAHNEN UND WENN JA, WIE VIELE?

Auch zwischen Fritzlar und Gießen klafft noch eine 30 Kilometer lange Autobahnlücke, die es 2020 häufig in die Schlagzeilen schaffte. Die Weiterführung der A 49 bis zur A 5 soll eine verkehrstechnisch abgehängte Region Hessens besser anbinden und die Dörfer entlang der B 3 Richtung Gießen vom unerträglichen Schwerlastverkehr befreien. Die Strecke führt aber durch den Dannenröder Eichenwald und ein Wasserschutzgebiet. Dieser seit 40 Jahren geplante Ausbau durch den Dannenröder Wald sollte gestoppt werden. Das forderten mit Hinweis auf den Klimaschutz einige Aktivisten, die sich in Baumhäusern verschanzt hatten und verkündeten: »Das wird ein zweiter Hambacher Forst«. Sie kamen aus ganz Deutschland, einige waren auch schon im »Hambi« aktiv. »In Zeiten der Klimakrise ist es absurd, Autobahnen durch gesunde Wälder zu bauen«, argumentierten die Gegner des Autobahnbaus. Die Folgen für die Natur wären katastrophal. Die projektleitende DEGES betont hingegen, dass die Baumaßnahmen eine Rodung von nur 2,7 Prozent des Dannenröder Forsts erfordern (27 von 1000 Hektar Waldfläche) und der Verlust durch 87 Hektar Neuaufforstung kompensiert werde. Eine Minderung der Trinkwasserqualität, wie beklagt, sei nicht zu befürchten.

Seit Jahrzehnten wurde an diesem Lückenschluss geplant, Baurecht erteilt und von den Gerichten bis in die letzte Instanz genehmigt. Das Projekt hat also alle Entscheidungsprozesse unserer parlamentarischen Demokratie durchlaufen. Soll man nun dem Ansinnen einiger Aktivisten nachgeben, die Planungsergebnisse der letzten Jahrzehnte einfach wegwischen? Das brachte auch die in Hessen mitregierenden Grünen in eine Zwickmühle. Sie lehnten den Weiterbau der A49 als »antiquiertes Projekt aus dem Beton-Zeitalter« zwar ab, ebenso aber auch Gewalt. Verbunden mit dem Wink, dass solche Projekte am effektivsten durch Regierungsbeteiligung zu verhindern seien.

Der vom Bundesverkehrsministerium aufgestellte Bundesverkehrswegeplan ist wichtigstes Instrument für verkehrspolitische Weichenstellungen und wird vom Bundestag verabschiedet. Unterschieden wird nach »vordringlichem Bedarf« und »weiterem Bedarf«. Alles in der zweiten Kategorie entscheidet sich – so Eingeweihte – am »Sankt-Nimmerleins-Tag«. Auch wenn ein Vorhaben beschlossen wurde, dauert es noch mindestens zehn Jahre, bis mit dem Bau überhaupt begonnen werden kann. Denn dem Verkehrswegeplan folgt das Planfeststellungsverfahren. Nach Festlegung der Linienführung und unendlichen Gutachten bezüglich möglicher Konfliktpunkte wie Geologie und Umwelt wird geplant und das Ergebnis den Bürgern zur Diskussion vorgelegt. So ist jedenfalls die Regel. Erst wenn nach diversen Gerichtsurteilen die Baugenehmigung endlich erteilt ist, kann das eigentliche Bauen losgehen.

In China geht das bekanntlich schneller. Das Land hat sein gigantisches 136 000-Kilometer-Autobahnnetz (zehnmal größer als das deutsche) seit den 1990ern gestemmt, in gerade mal 30 Jahren. Das zentralistische Diktat der Kommunistischen Partei kümmerte sich eben nicht um Menschen- oder Bürgerrechte, Umweltschutz oder Privateigentum. Bürgerinitiativen? Fehlanzeige. Für Autokraten zählt nur schnelle Planerfüllung. Infrastrukturprojekte in Deutschland hingegen dauern Jahrzehnte. Demokratische Prozesse dauern lange, sicher oft zu lange.

2015 wurde die A 3 zwischen Waldaschaff und Rohrbrunn, eine der unfallträchtigsten Teilstrecken der Spessartautobahn, durch Begradigung und Verbreiterung entschärft.

Blick über die A 42 am Kreuz Duisburg-Nord in Richtung Westen.

117 Tunnel diverser Länge gibt es im 13 000-Kilometer-Netz der deutschen Autobahnen.

Um das bestehende Straßennetz in Zukunft effektiver zu machen, hatte der Bundestag 2017 im Rahmen der Föderalismusreform eine komplette Umstrukturierung des Fernstraßenwesens beschlossen. Seit 2021 wird die »Autobahn GmbH« den Bau, Betrieb und Erhalt des Netzes aller Autobahnen von den Ländern übernommen. Auch Planfeststellungen, Aufsicht und Verkehrstechnik werden seit 2021 von einer Zentrale gelenkt. Dafür gibt es viele gute Gründe. Weniger, warum diese Gesellschaft – obwohl doch 100 Prozent Bundeseigentum – als private GmbH konstruiert ist. Denn es musste zusätzlich noch ein Fernstraßen-Bundesamt gegründet werden, um die hoheitlichen Aufgaben der Länder zu übertragen und zu koordinieren.

Seit März 2020 arbeitete zunächst eine Rumpfmannschaft am Aufbau der Mammutbehörde mit ihren 10 Niederlassungen, 41 Außenstellen und 189 Autobahnmeistereien. Ursprünglich war der 1. Januar 2021 als Staffelübergabe von den Ländern an den Bund festgeschrieben worden. Aber im Vorfeld war schon klar, dass dieser Termin illusorisch war. 1400 Softwaresysteme der Landesstraßenbehörden können wohl erst 2024 in einer neuen IT-Struktur zusammengeführt, sprich »harmonisiert« werden. Auch viele juristische Fragen sind noch ungelöst. Landesbedienstete müssen mit kostspieligen Tarifverträgen und Wechselprämien motiviert werden, den öffentlichen Dienst zu verlassen und in eine vergleichbare Gehaltsklasse einer GmbH zu wechseln.

Kritiker befürchten, dass sich durch die neue Zuständigkeit Neubauten und Reparaturen massiv verzögern werden, sie bezweifeln auch die verkündeten Kosteneinsparungen. Gut funktionierende Strukturen würden zerschlagen und hochqualifizierte Mitarbeiter ins Abseits geschickt. Die bundeseigene DEGES (Deutsche Einheit Fernstraßenplanungs- und -bau GmbH) kann erst nach Lösung der bestehenden Doppelzuständigkeiten in der »Autobahn GmbH« aufgehen. Aus diesem Grund meldet auch der Bundesrechnungshof Bedenken gegen die Fusion mit der DEGES an, weil die vorgeschriebene Trennung zwischen Aufgaben des Bundes und der Länder nicht gewährleistet sei. Die Zukunft wird zeigen, ob dieser Schritt wie geplant als »größte Reform in der Geschichte der Autobahn« in die Annalen eingeht.

Die A 1 windet sich als Ruhrtangente mit getrennten Fahrspuren an Remscheid vorbei.

SLP
Tapfheim · Würzburg
Tel. 0 90 70 / 9 10 03
80
200m
RADLINGER

Am Kauppenaufstieg der A 3 bei Waldaschaff im Hochspessart war 2010 die Großbaustelle zur Verbreiterung auf sechs Spuren über Jahre ein Nadelöhr für den Verkehr. 560 Baustellen waren 2018 an deutschen Autobahnen registriert und zehn Kilometer lange Nadelöhre keine Seltenheit.

Als die Rheinbrücke der A 1 bei Leverkusen 1965 dem Verkehr übergeben wurde, querten sie 30 000 Fahrzeuge täglich. 50 Jahre später waren es 120 000 und die stählerne Schrägseilbrücke wurde zum Sanierungsfall. Seitdem ist sie für Lkw über 7,5 Tonnen gesperrt und für Pkw nur mit 60 km/h erlaubt. Im Inneren schweißen 20 Schweißer permanent neu entstandene Risse, damit sie bis zur Einweihung der neuen Brücke hält, die seit 2018 im Bau ist. Aufgrund mangelhafter Stahlteile aus China wird sich die Inbetriebnahme der neuen Brücke aber um Jahre bis 2025 verzögern (Luftbild von 2020).

Nachtbaustelle zur Spurrinnenbeseitigung und Gussaspahaltierung auf der A 2 bei Hannover. Um 18 Uhr wurde eine Fahrtrichtung zwischen zwei Ausfahrten gesperrt, am anderen Morgen war die A 2 wieder voll befahrbar. Durch diese Nachtbaustelle wurden 2020 mehrwöchige Spursperrungen erfolgreich vermieden.

Tagbild: Statt alternativ in sechs Wochen wurden auf einem 3,7 Kilometer langen Streckenabschnitt der A 2 bei Hannover in nur 88 Stunden die schadhafte Fahrbahn weggefräst und zeitnah eine neue Asphaltdecke aufgebracht. Dadurch konnten viele Stunden Stau verhindert werden.

STRABAG

Der überproportionale Anstieg des Schwerverkehrs sowie die Überalterung vieler im Boom der 1970er-Jahre gebauten Brücken machen nun Erhaltungsmaßnahmen und verstärkt Neubau dringend erforderlich. Die neue Brücke der A 3 über das Lahntal bei Limburg war 2015 noch im Bau. Die Spannbeton-Hohlkasten-Brücke ersetzt eine in die Jahre gekommene Vorgängerin aus dem Jahr 1965. Es ist die dritte. Die erste wurde 1937 als steinerne Bogenbrücke (wie auch in Köln-Rodenkirchen entworfen von Architekt Paul Bonatz) errichtet und in den letzten Kriegstagen durch Sprengungen der Wehrmacht schwer beschädigt.

An den Korridorwänden des Baubüros der Großbaustelle an der A 8 bei Merklingen wird jeder Quadratmeter der riesigen Baustelle dokumentiert. Durch die parallele Trassenbündelung des 23 Kilometer langen sechsspurigen Ausbaus der A 8 zwischen Hohenstadt und Ulm-Nord sowie der gleichzeitigen Neubaustrecke für den ICE konnte auch die Baustellen-Infrastruktur gemeinschaftlich genutzt werden. Ein hochkomplexer Bauabschnitt, der die A 8 über Jahre in ein stauanfälliges Nadelöhr zwängte. Selbst kleinere Unfälle sorgten über Jahre immer wieder für lange Staus.

Unterschiedliche Asphaltdeckschichten tragen der enormen Verkehrsbelastung Rechnung. Über zwei Tragschichten kommen noch eine Binderschicht und eine Deckschicht, die als schützende Verschleißschicht sowohl für Griffigkeit als auch Abführung des Oberflächenwassers sorgt.

Mit zwei Röhren unterquert die A 17 den Dresdener Stadtteil Dölschen, um hinter der Weißeritzbrücke gleich wieder in einem über zwei Kilometer langen Tunnel den Stadtteil Coschütz zu unterfahren.

Die Moseltalbrücke (A 61) bei Winningen wurde 1972 eingeweiht. Wegen instabiler dicker Schiefer- und Kiesschichten mussten die Betonstützen auf 24 Meter tiefen Gründungspfählen stehen. Ein spektakulärer Blick bietet sich von der kleinen Raststätte Moseltal.

A2 Stelinger Strasse
Berliner Platz
A2 Bothfeld
Celle
Hannover
Messe
A2 Lahe
A7 Mellendorf
A7 AD Nord
A7 Parkplatz Grosse Heide
A7 Grossburgwedel
K776 KM 81.665 KS P103
P2 BR-Hamburg
A7 Parksee Lohne
AK Kirchhorst
K782 KM 85.400 KS P103
P2 BR-Hamburg
A7 AS Anderten
K798 KM 95.500 KS P103
P2 BR-Hamburg

HELDEN DER AUTOBAHN ››› Von Helfern und Rettern

Was wir Autobahnnutzer gerne übersehen oder als Selbstverständlichkeit annehmen, sind die unzähligen Lenker, Helfer und Retter hinter den Kulissen, die erst ermöglichen, dass dieser Motorkosmos Autobahn überhaupt rund um die Uhr funktioniert. Diese Menschen vorzustellen, ist auch eine Absicht dieses Buches.

An erster Stelle sind die »Hausmeister« zu nennen, die 189 Autobahnmeistereien. Ab 2021 unterstehen sie nicht mehr den Ländern, sondern dem Bund in Form der »Autobahn GmbH«. Aufgeteilt in Kolonnen, sorgen die Straßenwärter in ihren signalfarbenen orangen Overalls für Sicherheit, sie beseitigen Schrott, Glas und Öl, kürzen die Hecken der Mittelstreifen, bessern auf Zuruf gefährliche Löcher im Asphalt aus, sichern Unfallorte ab – und räumen auf. Bei jedem Wintereinbruch steht der Dienst besonders im Blickpunkt der Öffentlichkeit, denn jeder Verkehrsteilnehmer ist unmittelbar betroffen. Reifglätte, überfrierende Nässe, Eisregen und Schneefall meldet der Wetterbericht. Dann starten die Räumfahrzeuge schon um 3 Uhr früh, damit die Fahrbahnen bis zum Berufsverkehr geräumt und gestreut sind – Salz gilt weiterhin als das beste Auftaumittel.

Ob Sommer oder Winter, der Job der Straßenwärter ist eine 24-Stunden-Aufgabe – stets in der Gefahrenzone: inmitten des fließenden Verkehrs. Bei Schritttempo auf der Überholspur erfordern selbst kleine Ausbesserungsarbeiten eine ausgefeilte Logistik, um sie wie auch die Verkehrsteilnehmer zu schützen. Das letzte Fahrzeug, »Bremskeil« genannt, sorgt für ein Minimum an Sicherheit. Dessen Fahrer ist nur durch einen zusätzlichen Pufferanhänger mit gut sichtbarem Richtungspfeil gesichert. Riesige Sattelschlepper rauschen mit beängstigendem Tempo vorbei. An Geschwindigkeitsbeschränkungen im Baustellenbereich halten sich nur wenige. Die Arbeit auf den Wanderbaustellen und Kurzbaustellen gehört nicht nur zu den gefährlichsten Jobs der Republik, sie erregt auch viel Unmut. Am sichersten würden die Männer in Orange im Stau-Stillstand arbeiten. Aber schon bei harmlosen Staus werden Mittelfinger gezeigt. »Warum jetzt und hier?«, poltert das Ego aus dem geöffneten Seitenfenster. Beschimpfungen sind für die Baustellenarbeiter Alltag, vereinzelt wird sogar mit Gegenständen nach ihnen geworfen. »Warum gerade jetzt – wenn ich doch schnell mal von A nach B will?« ICH, ICH, ICH! Für diese Autofahrer muss der Verkehr einfach immer rollen. Die ewigen Meckerer empfinden die Arbeitskräfte als Zumutung, obwohl diese eigentlich alles tun, um für freie Fahrt zu sorgen.

Dass Behinderungen durch Baustellen kurz gehalten werden können, wurde im Sommer 2020 bei Hannover medienwirksam unter Beweis gestellt: Die Grundsanierung eines 3,7 Kilometer langen Abschnitts der A2 Richtung Berlin nahm gerade mal 88 Stunden in Anspruch. Das erforderte eine extrem gute Logistik der staatlichen Planer sowie der beteiligten Firmen Strabag und Kemna. Für solch eine konzertierte Aktion benötigt man allerdings auch Ausweichstrecken und ausreichende Kapazitäten nahegelegener Asphalt-Mischwerke. Denn Asphalt kann nur eine bestimmte Zeit

»Business as usual«: Mitarbeiter in der Verkehrs- und Tunnelzentrale Hannover beim ersten Wintereinbruch. ‹

Projekt »Intelligente Autobahn«: Die Netzbetriebszentrale Dresden wurde 2020 in Betrieb genommen und soll in Zukunft bundesweit für mehr Sicherheit und weniger Staus sorgen.

transportiert werden, um mit der gebotenen Qualität verbaut zu werden. Auch die A3 bei Duisburg wurde kürzlich in einem Kraftakt mittels 500 Lkw und den nötigen Maschinen in 55 Stunden erfolgreich saniert. Geht doch!

DIE LENKER IM HINTERGRUND

Dass der Verkehr rollt, verdanken wir auch den im Hintergrund operierenden Leitzentralen, die über Schilderbrücken versuchen, eine zielgerichtete Optimierung des Verkehrsflusses zu erreichen. Mit den Daten zahlloser Kameras, Induktionsschleifen und Detektoren werden die Rechnerzentralen mit Daten über Niederschläge oder Nebel, Verkehrsdichte, Fahrbahnzustand, etc. gefüttert, um daraus die bestmögliche Geschwindigkeit zu errechnen. So kann es mit sogenannten »Verkehrsbeeinflussungsanlagen« gelingen bei 80 km/h selbst Feierabendverkehr mit über 2000 Fahrzeugen pro Stunde und Fahrstreifen am Fließen zu halten. Wenn beispielsweise die A2 auf ihren 155 Kilometern durch Niedersachsen noch freie Fahrt erlaubt, auf den Schilderbrücken aber nur 80 angezeigt wird, ist das kein Widerspruch. Das Verkehrsleitsystem »denkt« vorausschauend.

Radarkontrolle lautet ein anderes Zauberwort, um den Verkehr zu bändigen, um Unfallschwerpunkte zu entschärfen. Nach dem Willen des Gesetzgebers sollen die Autofahrer durch Radar eher alarmiert und abgebremst, statt bestraft werden. Das sei doch nur eine sprudelnde Geldeinnahme für die anliegenden Kommunen, lautet hingegen ein häufiger Stammtisch-Vorwurf. Dagegen spricht, dass doch 100 Meter vor einer Kamerafalle große Hinweisschilder warnen. Mittlerweile lassen sich viele Verkehrsteilnehmer schon durch effektive (wenn auch illegale) Apps in Echtzeit warnen. So werden die wirklichen Desperados leider nur für ein paar Hundert Meter ausgebremst.

Bei allem Bemühen, Fakt ist und bleibt: Angesichts weiterhin ungebremster Fahrzeug-Neuanmeldungen und Tonnage-Rekorden ist die Belastungsgrenze der Autobahn in Sicht. Wie also den Kollaps verhindern? Berlin sieht die Chance in der Zentralisierung der föderalen Strukturen. Wohl erst ab 2024 sollen die Daten der 42 Verkehrsleitzentralen im sogenannten »Network Operation Center« (NOC) in Frankfurt und Dresden zusammenlaufen, den Schaltzentralen einer »intelligenten Autobahn«. Mit einem bundesweiten Glasfasernetz und vereinter Rechnerkraft sollen sie bei plötzlichen Unfällen oder geplanten Baustellen Umleitungsstrategien errechnen und bei hohen Verkehrsdichten Geschwindigkeiten vorgeben. Kurzum: im Hintergrund dafür sorgen, dass der Verkehr zumindest fließt.

Für 2021 ist eine Service-App angekündigt, die frühzeitig bundesweit Stau-Umfahrungen empfiehlt und über den Andrang auf den Rast- und Parkanlagen informiert. Sie soll, so verspricht die Autobahnverwaltung vollmundig, bessere Daten liefern als die großen »Datenkraken« Google oder diverse andere Navigationssysteme. Die bilden reale Staus schon heute mithilfe anonymisierter Nutzerdaten in Echtzeit als tiefrote Warnlinien auf dem Bildschirm ab. Eine Zukunftsvision für mehr Verkehrssicherheit und weniger Staus?

Die Mitarbeiter der »Autobahn GmbH« können Baustellen aber noch so gut planen, die Hauptursache für Staus bleiben Unfälle. Verursacht von übermüdeten Fahrern oder weil Facebook auf dem Smartphone wichtiger ist als der Blick durch die Frontscheibe. Bei Tempo 120 bedeuten drei Sekunden Blick auf den Bildschirm 100 Meter und mehr Blindflug. Sogenanntes »Multitasking« und überhöhte Geschwindigkeit am Steuer fordern viele Opfer. Und wenn es wegen Selbstüberschätzung gepaart mit Dummheit, Unerfahrenheit, dem SMS-Lesen oder Übermüdung wieder mal knallt, müssen andere Helfer an die Front: die Rettungsdienste – ob sie sich nun mühevoll durch eine verstellte Rettungsgasse quälen oder binnen Minuten im Rettungshubschrauber landen.

RETTER AUS DER LUFT – DIE »GELBEN ENGEL«

Flügge wurde die Luftrettung in den 1960er-Jahren. Damals wurden am unfallreichen Pfingstwochenende zwischen Hannover und Hamburg sowie im Raum München erstmals Bundeswehr-Hubschrauber eingesetzt. Bis zu einem geregelten Einsatz von Zivilschutzhubschraubern sollte es aber noch ein paar Jahre dauern. Im Autoboom der 1960er-Jahre starben alljährlich 20 000 Menschen im deutschen Straßenverkehr, 1970 sogar über 21 000. Ein Fünftel hätte bei schnellerer Hilfe überleben können. Heute haben wir die Horrorzahlen von 1970 weit hinter uns gelassen. 2009 starben 4500 Menschen im Straßenverkehr (Autobahn 475) und 2019 sogar nur noch 3046 (Autobahn 456) – natürlich immer noch zu viele.

Damals waren die Folgen selbst leichterer Unfälle aufgrund minimaler Personensicherheit in den Kraftfahrzeugen oft verheerend. Die Todeszahlen sanken erst mit neuen Sicherheitsvorschriften wie der Gurtpflicht, Promillegrenzen und Fahrzeugverbesserungen aufgrund von Crashtests, Notrufsäulen und nicht zuletzt der Luftrettung. 1970 startete der ADAC in München am Klinikum Harlaching mit »Christoph 01« den Dauerbetrieb eines Rettungshubschraubers. 1972 gründete die Deutsche Rettungsflugwacht DRF in Stuttgart und an der Medizinischen Hochschule Hannover Stationen, für deren Flugbetrieb das Bundesinnenministerium zuständig war. Namensgeber der Hubschrauber ist der Schutzpatron der Reisenden, der heilige Christophorus. Da der Staat die Luftrettung nicht flächendeckend organisieren konnte, sprang bundesweit auch der ADAC ein. Vom Rettungsdienst wurde damals in erster Linie Transportfunktion erwartet, denn die präklinische Notfallmedizin steckte noch in den Kinderschuhen. Schnelle Hilfe ist immer gefragt – können Schwerverletzte nicht binnen einer Stunde operiert werden, sinkt ihre Überlebenschance rapide.

Heute betreiben neben dem Bund (Bundesamt für Bevölkerungsschutz und Katastrophenhilfe, BBK) vor allem die Luftrettung des ADAC und des DRF (Deutsche Rettungsflugwacht Förderverein) sowie die Johanniter-Unfallhilfe insgesamt 80 Luftrettungsstationen mit etwa 90 Rettungshubschraubern. Mit 37 Stationen und 50 Hubschraubern zählt die ADAC-Luftrettung (gemeinnützige GmbH) sogar zu den größten Betreibern in Europa. Die Rettungsstationen bilden Netzpunkte mit Radien von etwa 70 Kilometern, mit dem Ziel, möglichst alle Orte der Republik binnen 15 Flugminuten erreichen zu können. Ob Herzinfarkt, Hirnschlag, Trauma oder Unfall, die

Winterdienst der »Autobahn-Hausmeister«. Der Drehteller am Heck des Räumfahrzeugs muss in regelmäßigen Abständen von Eiszapfen befreit werden.

»Sunrise-Sunset« fliegt der Rettungshubschrauber Christoph 08, hier nach dem letzten Tageseinsatz zurück am Hangar des St.-Marien-Klinikums in Lünen.

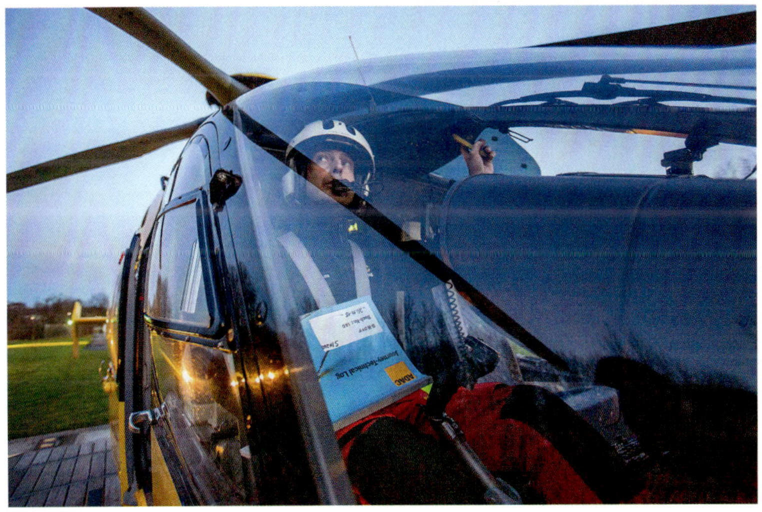

Luftretter greifen überall ein, wo ein Hubschrauber den Notarzt schneller zum Einsatzort bringen kann als ein Rettungswagen. Landeplatz kann ein Discounter-Parkplatz sein oder ein Unfallort auf der Autobahn. Angefordert über den Notruf 112 wird in der Leitstelle entschieden, ob der Notarzt den Patienten im Krankenwagen oder im Helikopter am schnellsten erreicht.

Schon zwei Minuten nach dem Alarm heben die Helikopter ab und sollten beispielsweise nach fünf Minuten dröhnend über einem 18 Kilometer entfernten Unfallort schweben. Die Rettungshubschrauber sind fliegende

Feierabendverkehr – Stauwarnung über die Schilderbrücke

Intensivstationen, ausgerüstet mit modernster Medizintechnik, mit Monitor für Herzfrequenz oder Blutsauerstoff, Beatmungsgerät und einem gewaltigen Medikamentenrucksack. Ist der Patient ausreichend stabilisiert, kann er oft auch mit dem Krankenwagen zur nächsten Klinik transportiert werden. Die dreiköpfige Crew besteht aus Pilot, Notarzt und Notfallsanitäter, wobei die diensthabenden Notärzte ihr Geld primär als Klinikärzte verdienen und im Rettungshubschrauber nur einzelne Schichten übernehmen. 2020 wurde die ADAC-Luftrettung 50 Jahre alt, seit ihrer Gründung wurde von den insgesamt 2,5 Millionen Einsätzen 1 Million vom ADAC absolviert. Nur zehn Prozent haben übrigens die Autobahnen als Ziel, sie sind – wie auch die Automobile – erkennbar sicherer geworden.

Für etwa drei Tonnen Abfluggewicht sind beim Airbus CE-135 eindrucksvolle 818 PS von zwei Triebwerken nötig, beim größeren Airbus CE-145 sogar über 1000 PS. Bis zu 9 Millionen Euro kostet die Anschaffung eines solchen Spezialisten, dafür ist er dann Jahrzehnte lang im Einsatz. Das klingt nach Oldtimer, aber weit gefehlt, denn aufgrund der sehr engen Wartungsintervalle wird praktisch jedes Bauteil im Laufe der Zeit mehrfach ausgetauscht. »Systemrelevante« Teile wie Rotoren, Turbinen und Getriebe müssen in vorgeschriebenen Stundenintervallen kontrolliert und ausgetauscht werden. Aus diesem Grund verfügen die 37 Luftrettungsstationen des ADAC über 50 Hubschrauber, denn ein Drittel der Gesamtflotte ist ständig in der Wartung.

Bei Pannen auf der Autobahn sind hingegen die Servicewagen der Verkehrsvereine des ADAC, AvD und ACE gefragt. Der erste »ADAC-Straßen-Hilfsdienst« war mit Motorrad und Beiwagen schon 1928 unterwegs. Die »ADAC-Straßenwacht«, nach dem Zweiten Weltkrieg 1951 gegründet, bringt heute 1700 Pannenhelfer auf die Straßen. Nur wenige Frauen entscheiden sich für die Arbeit, alle sind gelernte Kfz-Meister. Ihre Servicewagen sind schwer beladen mit Diagnosegeräten, Ersatzbatterien und Ersatzteilen. Bei der Fehlerdiagnose oder der Befreiung eines eingeschlossenen Autoschlüssels auf dem Rasthofparkplatz geht es noch entspannt zu. Gefährlich wird es, wenn Fahrzeuge auf engen Standstreifen liegen bleiben. Nach einer Schnelldiagnose heißt es rasch zu entscheiden: Soforthilfe oder Abschleppdienst rufen. Nichts wie schnell weg aus der Gefahrenzone.

DIE AUTOBAHNPOLIZEI ALS »FREUND UND HELFER«

Schon Ende der 1930er-Jahre war eine noch zahlenmäßig kleine »motorisierte Gendarmerie« für die Reichsautobahnen zuständig. Mit dem Ausbau in der jungen Bundesrepublik wurden ab 1953 sogenannte Verkehrskommandos aufgebaut, zu deren Fuhrpark auch schnelle Porsche-356 und Cabrios für die »überholende Verkehrsüberwachung« gehörten. Mit weißer Sonderlackierung wurden sie als »weiße Mäuse« zum Synonym für die Autobahnpolizei. Es gab sogar ein Lied dazu: »Wir sind die weißen Mäuse von der Autobahn – halten hier und dort 'nen dicken Lastzug an – prüfen ob er nicht zu viel geladen hat – und die Papiere alle bei sich hat – alles in Ordnung, freie Fahrt voraus!« Heute versuchen unsere »Freunde und Helfer«, im Volksmund auch »Bullen« genannt, als Spezialeinheit der Staatsgewalt verzweifelt (manchmal auch »under cover«), die Anarchie der Pferdestärken auf den Fahrspuren in tolerierbare Schranken zu lenken, den Organismus Autobahn sicherer zu machen. Für die Polizisten ein hochgefährlicher Job im rasend hektischen Verkehr.

180 Autobahnpolizeiwachen gibt es entlang der 13 183 Netzkilometer. Das Revier der Autobahnwache Garbsen-Nord an der A 2 bei Hannover beispielsweise ist für acht Rastanlagen und 180 »Doppelkilometer« verantwortlich. Doppelkilometer? Wegen der zwei Fahrtrichtungen sind es brutto 360. In vier Schichten übernehmen über 35 Männer und 28 Frauen rund um die Uhr die Sicherung liegen gebliebener Fahrzeuge, Verkehrslenkung, Aufnahme von Unfällen sowie Kontrolle, beispielsweise der Ladungssicherheit.

Sind in der Nähe von US-Bases amerikanische Militärangehörige in Unfälle verwickelt, wird auch die Militärpolizei dazugerufen. ^

Im Schnitt alle zwei Kilometer wachen sie an der Autobahn: die orangefarbenen Notrufsäulen mit der Tastenwahl »Panne« oder »Notruf«. Seit 1951 wurden insgesamt 17 000 aufgestellt. Brauchen wir sie noch? Ja, meinen die Experten. Denn Notrufsäulen kennen keine leeren Akkus und Funklöcher. ˅

Extremen Rasern und lichthupenden Dränglern versucht die Autobahnpolizei mit Zivilstreifen beizukommen. Für diesen Job haben ihre Fahrzeuge ausreichend PS unter der Haube und sind mit gut getarnten Videokameras ausgestattet. Alles muss bestens dokumentiert werden, um gegebenenfalls als Beweismittel vor Gericht Bestand zu haben. Aus Datenschutzgründen darf die Videokamera nicht »anlasslos« laufen, sondern tritt jeweils erst für einen bestimmten Fall in Aktion, um den Verstoß über 29 Sekun-

Eine Zivilstreife der Autobahnpolizei verfolgt einen unverbesserlichen Raser.

den hinweg zu dokumentieren. Erst dann wird das blinkende Blaulicht mit Magnet aufs Dach des zivilen Einsatzwagens geschoben und Gas gegeben. Eine LED-Leuchtschrift am Heck und die berühmte Kelle signalisieren: »Polizei – Folgen«. Der Aufwand ist groß. Wer mit knapp 30 km/h zu viel auf dem Tacho unterwegs ist, passt noch nicht ins Beuteschema der Zivilen, das überlassen sie dem Radar. Smartphone-Nutzung hingegen schon, denn das gibt auch Punkte in Flensburg. Der wichtigste Teil der Arbeit der Streife beginnt auf dem nächsten Rastplatz, wo die Verkehrssünder per Video mit ihrer Fahrweise konfrontiert werden. Verkehrserziehung vor Ort sozusagen. Ob die zur Schau getragene Einsicht nachhaltig ist, darüber gibt es keine Statistik. Offensichtlich ist, dass Nachdenken und Besserung oft erst angesichts pekuniärer Konsequenzen und Punkten in Flensburg eintreten. Wahrlich eine Sisyphus-Arbeit und vermutlich nur ein Tropfen auf dem heißen Asphalt.

Für die Fahrer der Einsatzwagen ist intensives Fahrsicherheitstraining obligatorisch. Sie müssen bei Verfolgungsfahrten und extremen Verkehrssituationen selbst bei hoher Geschwindigkeit die volle Kontrolle behalten. Auf eine Verkehrsmeldung, wie »Spanngurt auf mittlerer Fahrspur vor Autobahnkreuz Buchholz«, müssen die Beamten prompt reagieren, denn das vom Verkehrsfunk als »Gegenstand auf der Fahrbahn« gemeldete Objekt kann für Motorradfahrer zur tödlichen Falle werden. Mit Blaulicht und Martinshorn geht es dann rasend schnell durch eine Baustelle. Alle weichen zur Seite, nur ein Fahrer, offensichtlich akustisch umhüllt von dröhnenden Bässen, bemerkt die Streife erst nach 20 Sekunden und gefühlt nach Lichtjahren. Am Autobahnkreuz dann noch einmal ein paar Hundert Meter im Rückwärtsgang auf der Standspur. Nicht ohne Risiko. Aber geschafft, der Spanngurt hat niemanden gefährdet – und landet im Kofferraum.

Die Sicherstellung von Spanngurten scheint das geringste Problem unserer Autobahn-Sheriffs zu sein. Häufig erschwert ausgeprägter Egoismus ihre Arbeit. Angefangen von der Rettungsgasse, die sich erst seit der Androhung drakonischer Strafen durchzusetzen scheint, hin zu Gaffern bei Unfällen, vor allem bei schlimmen mit Toten und Schwerverletzten. Ist es pure Sensationslust oder langweilen die Selfies des eigenen Alltags so sehr, dass man sich mit dem geposteten Leid anderer für »Likes« in Szene setzen und belohnen muss, um sich gut zu fühlen? Womöglich begreift sich der Gaffer gar als »Reporter«, wenn er auf dem Standstreifen der Gegenfahrbahn angehalten hat und mit dem Smartphone brennende Autos und sterbende Menschen aufnimmt. Sensationslust gab es schon immer, auch die Hinrichtungen des Mittelalters zogen den Mob an. Heute trifft sich dieser Schlag Mensch zum gemeinschaftlichen Erschauern im Internet. Nicht nur das Fahrverhalten im Verkehr wird aggressiver, leider auch das Verhalten gegenüber den diensthabenden »Freunden und Helfern« auf der Autobahn. Bedauerlich, denn ohne deren Rückendeckung bleibt nichts im Fluss auf dem mehrspurigen Asphalt.

Auf der A 62 unterwegs mit einem Streifenwagen der Autobahnpolizei Kaiserslautern ›

Bei jedem Wintereinbruch steht der Winterdienst besonders im Blickpunkt der Öffentlichkeit, denn jeder Verkehrsteilnehmer ist unmittelbar betroffen. ‹

Beladung der Streufahrzeuge unter den Salzsilos der Autobahnmeisterei Lauenau an der A 2. Sind die Silos unter 80 % befüllt, wird Salz nachgeordert, fordert das Salzmanagement. » **Seite 120/121**

2
MAN
BEILHACK
BEILHACK

KÜPPER
WEISSER

Winterdienst der Autobahnmeisterei Lauenau an der A 2. Ein Dienst rund um die Uhr. Damit die Fahrbahnen bis zum Berufsverkehr geräumt und gestreut sind, starten die Räumfahrzeuge nach dem gemeinsamen Frühstück der Straßenwärter schon um 3 Uhr in der Früh. »Überfrorene Fahrbahn« lautet der Wetterbericht, und die Schneepflüge fahren in Formation.

Arbeiten auf der Überholspur – im Schritttempo. Die Jobs auf Wanderbaustellen sind brandgefährlich und doch undankbar. Die Straßenwärter in ihren orangefarbenen Overalls sorgen für Sicherheit und werden doch immer wieder Zielscheibe von Beschimpfungen. Angeführt werden sie von einem Unimog mit schwenkbarer Heckenschere, gefolgt von einem Mann mit schwerem »Rasenmäher«. Dass sie im tosenden Verkehr nicht übersehen werden, dafür sorgt das letzte Fahrzeug, der »Bremskeil«. Dessen Fahrer ist nur durch einen weiteren Anhängerpuffer mit riesigem Richtungspfeil gesichert.

Wir bauen für Sie
Parkplatz
NOM AM 350

DON 30 JULI 11:26
Gesamte Strecke
Übersicht
Dölzschen
Verkehr Freifeld
Königsh. Berge
Tunnel
AM Hellerau Haupttor
AM Hellerau Tor Parkplatz
K 200 A4 Ost KHB BG Ost

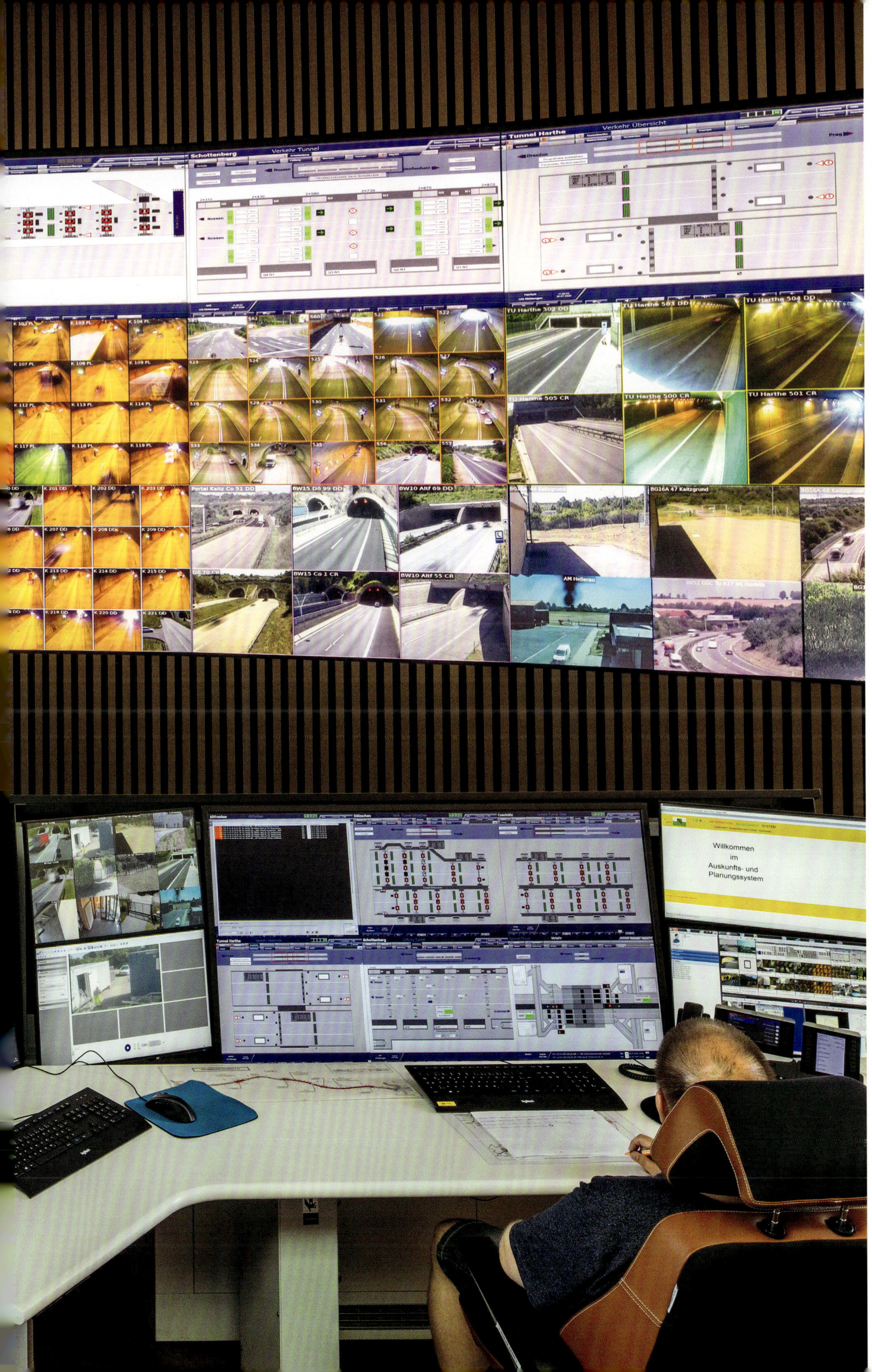

Unsere Bundesautobahn, das größte zusammenhängende Bauwerk der Republik, macht zwar kaum 2 Prozent all unserer Straßen aus, das oft als Fremdkörper wahrgenommene »Motormonster« übernimmt jedoch im Drehkreuz Europas über ein Drittel aller jährlichen Fahrkilometer. Welch eine Entlastung unserer Lebensumwelt! Das Kreuz Duisburg-Kaiserberg ist eine der vielen Spaghetti-Autobahnkreuze im Ruhrpott und verbindet die A 3 mit der A 40. **« Seite 126/127**

Die Netzbetriebszentrale in Dresden wird ab 2024 als eine von drei zentralen Leitstellen (Network Operation Center NOC) die Daten aller 41 Leitstellen in Deutschland bündeln und einen Grundstein für die »Intelligente Autobahn« bilden. ‹

Ein schwerer Autounfall auf einem Baustellenabschnitt der A 8 bei Merklingen führte zu einer Vollsperrung. Ein Fahrzeug hatte die leichte Barriere zwischen den Fahrbahnen durchbrochen. Keine Chance für einen Pkw auf der entgegenkommenden Fahrbahn. Erst nach Stunden konnten die Fahrbahnen wieder freigegeben werden. Nach dem Rettungseinsatz mit mehreren Hubschraubern und Krankenwagen wird die Unfallstelle vermessen und auch der Autobahnseelsorger ist noch vor Ort. Die Statistik verrät aber auch: 2019 starben in Deutschland von 3059 Verkehrsopfern nur 356 bei Unfällen auf der Autobahn.

FEUERWEHR

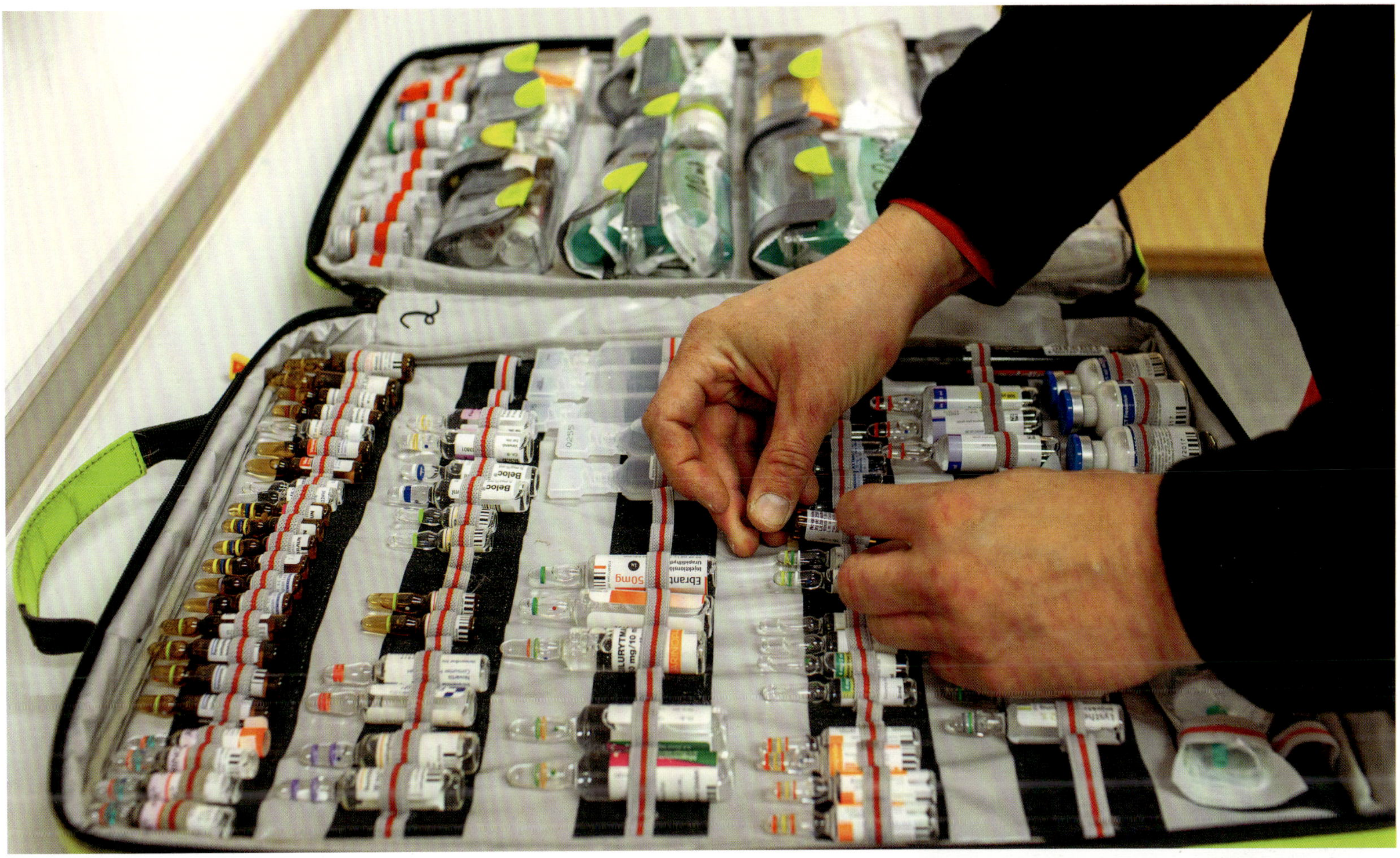

Die »Gelben Engel« der Lüfte. Während der Pilot den Einsatzort ansteuert, prüft der Notfallsanitäter aktuelle Gerätedaten. Der Airbus EC 135 ist eine fliegende Intensivstation und für den medizinischen Notfall komplett gerüstet, mit Beatmungsgeräten, Monitoren für Herzfrequenz und Blutsauerstoff und einem vollbepackten Medikamentenrucksack, der täglich überprüft wird. Christoph 08 von der Station am St.-Marien-Hospital in Lünen fliegt im Jahr etwa 1100 Einsätze, in Zeiten, als das nahe Kamener Kreuz noch Baustelle war, waren es sogar 1430.

Den Dienst beginnen sie mit einem gemeinsamen Frühstück und mit Büroarbeit. Bei Alarm der Leitstelle bleibt das Frühstücksbrötchen auf dem Teller und die Crew hebt in kaum zwei Minuten schon ab – zurück bleibt nur der Kerosingeruch. Die Crew besteht immer aus Pilot, Arzt und Notfallsanitäter. Nach dem letzten Flug des Tages werden die Maschinen zurück in den Hangar geschoben. Täglich prüft der Pilot sicherheitsrelevante Teile. Und Berichte müssen natürlich auch nach jedem Einsatz geschrieben werden.

ADAC
Luftrettung
ADAC
Luftrettung
ADAC
Luftrettung

FEUERWEHR
Schmitz
MAN
SHL 2115
FEUERWEHR

Der Tunnel Rennsteig der A 71 in Thüringen ist mit 7916 Metern der längste Straßentunnel Deutschlands. Er gilt als einer der sichersten in Europa. Alle 300 Meter sind die beiden Tunnelröhren für die Flucht mit feuersicheren Querungen verbunden. Tunnelfeuerwehr und Polizei sichern einen mit Reifenschaden liegen gebliebenen Lkw. Brandbekämpfung in Tunnelanlagen erfordert nicht nur eine Spezialausbildung und technische Ausstattung, sie muss auch regelmäßig unter Realbedingungen geprobt werden. Nach dem Einsatz wird auch das gewaltige Fluchttor zu den Rettungswegen wieder geschlossen.

Bei strömendem Regen sichert ein Hauptkommissar der Autobahnpolizei Kaiserslautern einen Auffahrunfall nach einem Platzregen auf der A 62. Nicht im Bild ist der Verursacher: ein riesiger 40-Tonnen-Sattelschlepper. Glück gehabt.

Unterwegs mit einer Streife der Autobahnwache Garbsen. Sie ist für insgesamt 330 Kilometer der A 2, der A 7 sowie der A 37 zuständig. 60 Mitarbeiter tun hier Dienst, sichern Unfälle, fahnden nach übermüdeten Fahrern, Drogenhändlern und Betrunkenen oder bergen verlorene Gegenstände von der Fahrbahn. Kurz, sie sorgen im Schichtbetrieb für Sicherheit in der schnell fließenden Blechlawine.

Entlang der 13 181 Netzkilometer versuchen 180 Autobahnpolizeiwachen, den Organismus Autobahn möglichst sicher zu machen, wie hier die Sicherung eines liegen gebliebenen Sattelschleppers. Es ist ein hochgefährlicher und ebenso verantwortungsvoller Job im rasenden Autobahnverkehr. Auch die Prüfung der Fahrzeiten und Ladesicherheit der zahllosen Lkws gehören zu ihren Aufgaben.

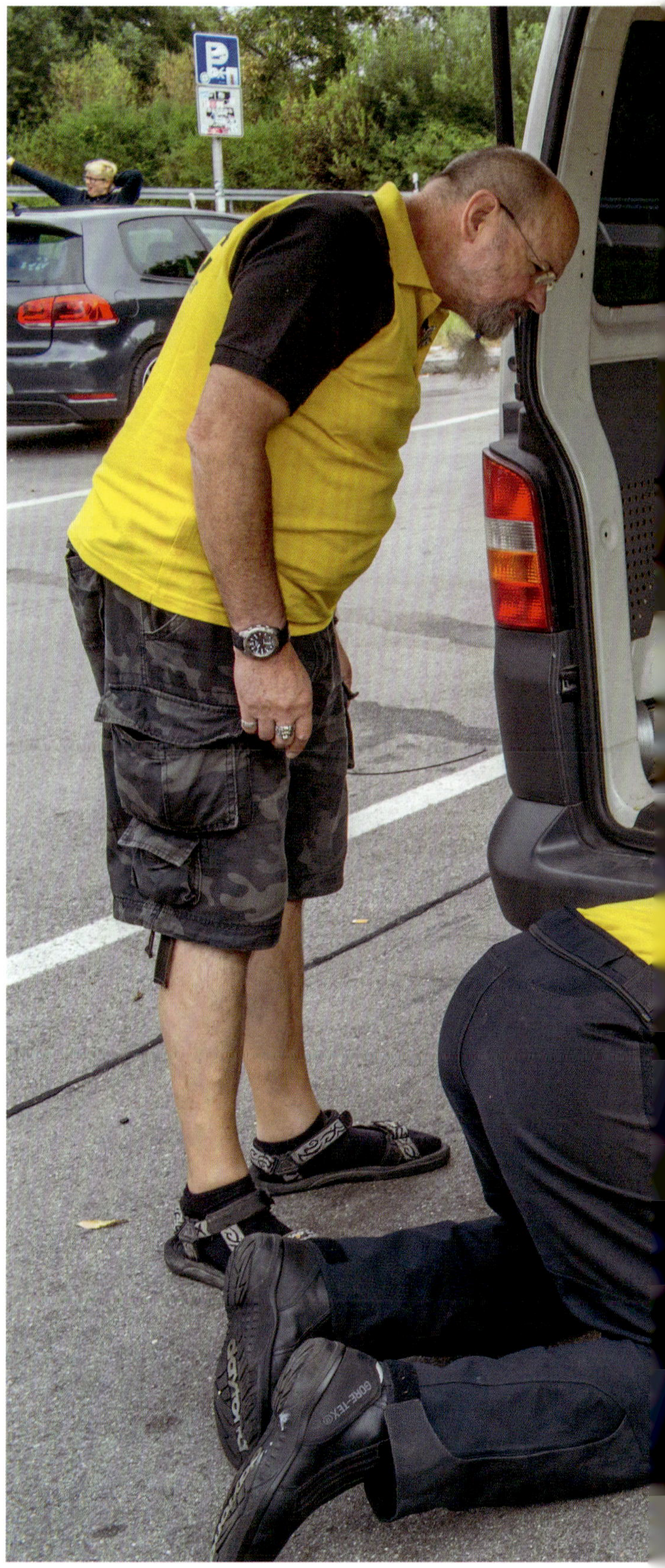

Auf dem Standstreifen der A 8 am Drackensteiner Hang versucht ein Kfz-Meister der ADAC-Straßenwacht ein Pannenfahrzeug wieder flottzumachen. Er arbeitet als einer der 18 »Gelben Engel« im Raum Göppingen. Sein Touran ist bis zum Rand beladen mit Ersatzbatterien und Ersatzteilen sowie Diagnosegeräten. Hier heißt es schnell zu entscheiden: Soforthilfe oder Abschleppdienst anrufen.

In der Ferienzeit sorgen auch freiwillige Stauberater des ADAC für das Wohl der staugeplagten Urlauber auf der Autobahn und übernehmen auch mal einen Reparaturjob wie hier an der A 99 beim Bulli eines türkischen Großvaters auf dem Weg zu seinen Enkelkindern.

ADAC
Stauberater

Deka
Esso
Messe
648

F-Stadtmitte
Universität
Congress C.
648
648
Messe
F-Rödelheim
F-Bockenheim
ADAC
i
ibis HOTEL
ADAC

WEERTS & FILS
TEUVEN

Die Stadtautobahn A 648 dient als sehr kurzer Zubringer der A 66 und A 5 in die Frankfurter City sowie zum Messegelände und wird deshalb auch Messeautobahn genannt. ‹‹‹ Seite 144/145

Die A 95 führt von München in Richtung Alpen, letzte Ausfahrt Eschenlohe, im Hintergrund das Wettersteingebirge mit der Zugspitze. ‹‹ Seite 146/147

»Raststätte in 5 km«. Immer wieder ein erlösendes Schild. Raststätten können rund um die Uhr Orte der Erlösung und Rettungsanker sein, aber oft auch Qual. Hier die Raststätte Remscheid mit Tankstelle an der A 1. Aktuell gibt es 430 Raststätten entlang der deutschen Autobahnen. ‹

AUTOMOBIL-OASEN ››› Von Rasten und Ruhezeiten

Der Tank ist leer, die Blase voll. »Nächste Raststätte erst in 45 km« verkündet das Schild in Autobahnblau. Wer zählt nicht die Minuten? Dann die Schilderfolge »Raststätte 5 km«, »Raststätte in 1000 m«. Und endlich die drei weißen Balken auf blauem Grund, zwei Balken, einer – und dann die Ausfahrt! Die Raststätte kann Erlösung und Rettungsanker sein – oder auch Zumutung. Allgemein gesprochen, ist sie eine wunderbare Erfindung. Ob die Raststätten nun »Sehnsuchtsorte der Deutschen« sind, sei dahingestellt. Vielleicht eher ein Abziehbild unserer Gesellschaft. Bei älteren Bundesbürgern wecken sie noch nostalgische Gefühle, waren sie doch in den 1950er-Jahren auch Zielort auf dem Weg nach Süden, in Richtung Dolce Vita, wo die Zitronen blühen. Damals waren die Raststätten beliebtes Ziel, ein Muss, auch ohne Spielplätze und Kinderrutschen.

Aktuell gibt es 430 Raststätten entlang der deutschen Autobahnen, angestrebt wird ein Abstand von 50 bis 60 Kilometern zwischen bewirtschafteten Rastanlagen. Es sind exklusive, eingezäunte Oasen, nur über die Autobahn und in der Regel nur automobil zu erreichen. Vom sogenannten »sekundären Straßennetz« sind sie abgeriegelt, Teil des hermetischen Verkehrsbiotops Autobahn eben.

Mehr denn je müssen Rasthöfe heute Rundumversorger sein: Ein Spielplatz für tobende Kinder muss ebenso her wie eine gastronomische Erlebniswelt. Denn in der kurzen Verweilzeit wollen die Rastenden auch genießen können. Auch das stille Bedürfnis muss befriedigt werden, und zwar hygienisch sauber. Fernfahrer fragen nach Duschen, Besitzer von Elektroautos verlangen nach Express-Ladestationen.

Heute sind Raststätten kein Wunschziel mehr, eher Nothalt fürs stille Örtchen und zur Nahrungsaufnahme. Die Fluktuation ist enorm. Alljährlich werden diese Nicht-Orte im Transit von einer halben Milliarde Menschen angesteuert. Sie alle haben nur eins im Sinn, möglichst rasch wieder dem eigentlichen Ziel entgegenzufahren. Vorschriftzeichen diktieren die Fahrtrichtung, Rückwärtsfahren verboten. Vorschriftzeichen 209-20 weist den Weg nach rechts zu den Parkplätzen der spärlichen Picknickplätze. Wenn nur die Wildpinkler nicht wären. Gelenkt von Piktogrammen steuern nicht alle die Toiletten neben den Kaffeetheken an. Vorbei am Laden mit Getränkedosen, Witzschildern und Ladekabeln.

Die eine Raststätte wurde nach Feng-Shui-Regeln (so die Werbung) entworfen, eine andere bewirbt sich mit schrillem Outfit als Kunst-Raststätte, wieder andere bieten unter dem Namen »Marché« Schweizer Flair und insofern auch Rösti auf der Speisekarte an. Dazwischen wollen sich auch noch ein paar traditionsreiche Familienbetriebe behaupten. In der Regel aber sind unsere Raststätten längst zu Franchise-Betrieben mit austauschbarem Ambiente mutiert, Öffnungszeiten rund um die Uhr. Die meisten dienen als Profitcenter von der Firma Tank & Rast, die 90 Prozent der Konzessionen entlang der Autobahnen besitzt. Das ursprünglich bundeseigene Unternehmen war 1998 privatisiert worden und hatte seitdem wechselnde Eigentümer. Seit 2015 hat ein Konsortium des Versicherungsriesen Allianz sie in ihrem Portfolio – 390 Raststätten, 350 Tankstellen und 50 Hotels.

Brotzeit eines Fernfahrers aus Osteuropa. Die modernen Wanderarbeiter können sich Mahlzeiten in der Raststättengastronomie nicht leisten. Die engen Kabinen sind wochenlang ihr Zuhause.

Zwei Tochterunternehmen von Tank & Rast, Serways und Gusticus, sind praktisch Standard an der Autobahn. Also ein Monopol für hohe Pacht. Das spiegelt sich in den Preisen von Schnitzel, Pommes und Cappuccino wieder. Und über die astronomischen Spritpreise müssen wir erst gar nicht reden. Im europäischen Vergleich sind deutsche Raststätten, ob Sprit, Snacks oder Getränke, deutlich teurer. Bleibt noch die Frage der Qualität. Diese untersuchen alljährlich Automobilclubs wie ADAC oder MOBIL. Kriterien sind Hygiene, Familienfreundlichkeit, Preisgestaltung und persönliche Sicherheit. Dafür gibt es Noten, Gewinner und Verlierer werden veröffentlicht.

Auch an den Toilettenbetreiber Sanifair müssen die Pächter hohe Gebühren entrichten, obwohl der Sanifair-Obolus nicht in ihre Taschen fließt. Aber auch ein Toiletten-Benutzer bringt vielleicht als Gast Umsatz im Restaurant oder Shop, hoffen die Betreiber. In früheren Zeiten warf man – je nach Zufriedenheit – eine Münze in den Kleingeldteller derjenigen, die das »Örtchen« mehr oder weniger sauber hielten. Heute regeln das Bezahlschranken und befeuern die Streitfrage, ob angesichts sauberer Toiletten auf deutschen Raststätten der zu zahlende Eintritt von 70 Cent für den Austritt angemessen oder unverschämt ist, wenn der Kunde davon einen Teil zurückbekommt. 20 Cent für wirklich saubere Toiletten sollten kein Problem sein, da man die restlichen 50 Cent vom Preis eines Espressos subtrahieren kann. Doch auch das wird die zahlreichen Wildpinkler nicht von ihrem »Geschäft« abhalten. Angesichts unsäglich unhygienischer Toilettenanlagen auf vielen der 1500 »unbewirtschafteten Rastplätze« kann man und vor allem frau sogar Verständnis haben.

AUTOHÖFE ODER RASTSTÄTTEN?

Wenn man es nicht allzu eilig hat, lohnt sich vielleicht der ein paar Minuten längere Abstecher zu einem Autohof, der maximal einen Kilometer von einer Anschlussstelle entfernt liegen darf. Die Betreiber sind meist mittelständische Unternehmer und nicht durch Monopol-Pachtverträge geknebelt. Von den 200 Autohöfen sind rund die Hälfte bei der Vereinigung Deutscher Autohöfe e.V. (VEDA) organisiert, die restlichen in kleineren Verbänden außerhalb dieser Struktur. Auf Autohöfen geht es noch persönlicher zu, das Essen ist weniger franchise-vorgefertigt, dafür reichlich und eher deftig. Trucker wie Manni, Theo, Freddy oder Martina (vorgestellt auf den Blech- und LED-Schildern am Laster) fühlen sich hier wie im Wohnzimmer.

Deutschlands größter Autohof liegt oberhalb des fränkischen Örtchens Geiselwind. Ihn hat schon Schlagersänger Gunter Gabriel besungen: »Geiselwind, Geiselwind, der Himmel beginnt in Geiselwind – da wo die Trucker zu Hause sind…« Das »Paradies« an der Abfahrt 76 an der A3 bietet 400 Lastern Platz. Neben den 50 Zapfsäulen gibt es auch eine Konzerthalle für 1500 Menschen, eine Autobahnkirche, einen Sportplatz und natürlich Gastronomie, in der 30 000 Schnitzel im Jahr verspeist werden, so jedenfalls die Statistik der Betreiberfamilie Strohofer.

Autohöfe oder Raststätten? Die Frage kann nicht so einfach beantwortet werden. Denn der Wettbewerb macht Beine. Auch bei den Autohöfen gibt es Nieten und Zumutungen, manche Raststätten erheben sich nach einer Sanierung wie ein Phönix aus der Asche. Das Preisniveau der Autohöfe ist auf jeden Fall niedriger. Beim Test-Einkauf im Raststätten-Kiosk zahlen Kunden im Schnitt 20 Prozent mehr als im Autohof-Shop, meldet der ADAC. Red Bull und Cola, neben Kaffee als Wachmacher besonders gefragt, kosten auf dem Autohof einen Euro weniger die Dose. Die Gastronomie der Autohöfe ist um zehn Prozent günstiger als die der Raststätten.

Und es gibt sie immer noch, die Imbissbuden an der Autobahn. Allerdings nur noch im wilden Osten als Überbleibsel der Nachwendezeit. Die wenigen alten Reichsautobahn-Raststätten, die den Krieg überstanden hatten, wurden zu DDR-Zeiten lediglich entlang der Transitstrecken renoviert und von der Mitropa inklusive Intershop betrieben. Neben den Gebühren und versteckten Radarfallen an der holprigen Transitstrecke waren die Intershop-Raststätten eine wichtige Devisenquelle der DDR. An wenig frequentierten Streckenabschnitten befriedigten Kleinunternehmer mit Imbiss-Sondergenehmigungen das Rasten für Trabi- und Wartburgfahrer. Ab 1997 wurden jedoch viele dieser Goldbroiler-Oasen gegen den Widerstand Tausender Stammgäste geschlossen, neue Konzessionen wurden nicht mehr erteilt. 2005 verfügte dann das Bundesverkehrsministerium per Erlass an die Länder: Die Imbissbuden müssen weg. Nur private Betreiber wie Tank & Rast sollten am Rand der BAB verköstigen dürfen.

Brandenburg allerdings setzte den Beschluss nicht um, und so überlebten vereinzelte Currywurst-Paradiese wie beispielsweise auf A 10-Parkplätzen am Berliner Ring. Des Kaffeetassen-Piktogramms beraubt finden jedoch nur noch Zufallsgäste oder Stammkunden dort den Weg zur Wurst. Das gilt auch für den kleinen Imbiss, der auf dem Rastplatz Rodaborn an der A 9 ohne Konzession »Original Thüringer Rostbratwurst« über den Zaun verkauft – unmittelbar neben einem leerstehenden historischen Gasthof, der allerersten Reichsautobahn-Raststätte übrigens, die nun per Zaun ausgesperrt ist. Den hatte die Betreiberin des Kiosks mit der Zusage für einen Zugang zum Parkplatz erworben. In der Folge nahm eine Verbotsspirale des realen Irrsinns ihren Anfang – Ende noch offen.

RASTSTÄTTEN DER STILLE UND DRIVE-IN-SINNSUCHE

Aber es gibt nicht nur die Abfahrten fürs Tanken, Wasserlassen oder die Currywurst, es gibt sie auch für Raststätten der Stille: Autobahnkirchen dienen der mentalen Rast. Jenseits von Stau, Hektik und Aggression während der Fahrt kann sich jeder hier zurückziehen, um für seine Seele Kraft zu tanken. 44 dieser Gotteshäuser (18 evangelische, 8 katholische und 17 ökumenische) laden in Hörweite des rasenden Verkehrs zu Besinnlichkeit und Kontemplation ein. Die Definition für eine Autobahnkirche verlangt direkten Zugang zur Autobahn, sie sollte geräumig für eine Busladung und täglich mindestens von 8 bis 20 Uhr geöffnet sein. Angeblich handelt es sich bei diesen Gotteshäusern um eine deutsche Erfindung, in keinem anderen europäischen Land gibt es so viele.

Die erste Autobahnkirche entstand 1958 bei Adelsried an der A 8. »Maria – Schutz der Reisenden« wurde sie getauft. Zur Galluskapelle an der A 96 zwischen Memmingen und Lindau führt vom Parkplatz ein steiler Fußweg hinauf. Belohnt wird die Anstrengung mit einem grandiosen Rundblick. An der A 7 in Kirchheim dient ein Tipi als Autobahnkirche, an der A 2 in Rhynern eine umgebaute Tankstelle aus der Nazi-Zeit. Und als eine der schönsten gilt die 2013 eingeweihte Siegerland-Kirche an der A 45 bei Wilnsdorf. Strömten vor 60 Jahren vor allem sonntags viele Gläubige in die Gotteshäuser am Asphaltband, so verirren sich heute vergleichsweise wenige an diese Orte der Stille. Immerhin sollen es in unserer schnelllebigen Zeit alljährlich etwa eine Million Menschen sein, die diese Drive-in-Sinnsuche ansteuern. Die Anliegenbücher für Besucher verraten ein wenig über die Wünsche und Gründe ihres Kommens, warum und für wen gebetet wurde: geliebte Angehörige, Dank für göttlichen Beistand und Gesundheit, für einen friedlichen Familienurlaub – oder dass der betagte Panda, Polo oder Peugeot nicht liegen bleibt.

Aufgang zur Autobahnkirche Siegerland an der A 45. Das Kirchenschiff wirkt abenteuerlich gefaltet wie ein Origami und wurde über Spenden finanziert.

EINST WAREN SIE DIE KÖNIGE DER LANDSTRASSE

Zurück zur Autobahn. Auf Sonderflächen vieler Rastplätze warten oft gigantische Schwertransporter samt Fahrer auf die Nachtstunden. Sie verschärfen das Problem der fehlenden Stellplätze für den normalen Lastverkehr. Aber diese »Extrawurst« ist notwendig, denn Spezialtransporte – größer, schwerer, länger als die zugelassene Norm – sind unverzichtbar für die Wirtschaft. Brückenteile, Flügelschalen von Airbus-Jets, Straßenbahn-Züge, ausladende Jachten oder riesige Rotorblätter für Windkraftanlagen: Derartige Ladungen bewältigen alljährlich rund 350 000 Schwertransport-Fahrten. Um Verkehrsbehinderungen zu vermeiden, sind die Giganten in verkehrsarmen Zeiten zwischen 22 und 6 Uhr früh unterwegs.

Vor allem an den Wochenenden quellen die Rastplätze wegen der vorgeschriebenen Ruhezeiten der Fernfahrer über.

Die Rastanlagen sind in gewisser Weise das Heim der Brummi-Fahrer. Aber die einstigen »Könige der Landstraße«, diejenigen, die dafür sorgen, dass wir bequem unserem sorglosen Konsumleben frönen können, fühlen sich seit Langem diskriminiert. Seit Jahren schon quellen nicht nur an Wochenenden die Rastplätze wegen der vorgeschriebenen Ruhezeiten der Fernfahrer über. Nach 4,5 Stunden müssen sie 45 Minuten ruhen. Das Überschreiten der Lenkzeiten kostet mindestens 30 Euro, und so blockieren die Trucker in ihrer Not auch mal die Fahrspuren bis in die Einfahrten. Das Angebot an Standplätzen kann mit dem exponentiellen Anstieg des Schwerlastverkehrs nicht mithalten. Das ist brandgefährlich. Vor allem an der A2, der großen europäischen Transport-Arterie mangelt es an Ruheplätzen. An Sonn- und Feiertagen darf zwischen 0 und 22 Uhr keiner über 7,5 Tonnen ohne Sondergenehmigung auf die Piste, während der Ferienzeit gilt das auch an Samstagen. Deutsche Fahrer können sich ihre Fahrpläne oft so legen, dass sie am Wochenende zu Hause sind. Sie sind besser bezahlt, aber während der Covid-19-Pandemie wurde auch ihnen lange die Bewirtung auf Raststätten verwehrt, all denen also, die für unseren gedeckten Tisch sorgen. Wer versorgt die Versorger?

Das betraf eher die einheimischen Fahrer. Die übergroße Mehrheit sind Osteuropäer, erzwungenermaßen Selbstversorger, denn regelmäßiges Essen in einer Raststätte lassen ihre Hungerlöhne nicht zu. Vorräte, Gaskocher und Kochgeschirr sind oft in einem Metallverschlag unterhalb der Ladefläche gelagert, dessen Klappe als Tisch dient. Attila, Kresimir, Milan aus Moldawien oder Vladimir aus der Ukraine, die modernen Wanderarbeiter und Garanten der Lieferketten, leben quasi heimatlos wochenlang auf der Straße. Häufig müssen sie 45 Stunden auf einem Rastplatz ausharren. Bei gutem Wetter sind die Türen weit geöffnet, oft haben sie sich zu kleinen Grillrunden zusammengetan. Manche der Fahrer kennen einander, kochen zusammen, klönen. Oder trinken ein Bier im Schatten ihrer Brummis. Ein solches Wochenende kann lang sein. Ist das Wetter ungemütlich, sind die Vorhänge des »Bocks« zugezogen, kleine Satellitenantennen sind ausgerichtet. Sie bringen einen Schimmer Heimat in die Kabine. Sonntagsidylle an der Autobahn? Wohl kaum.

Ohne Iwan und Slawek wären unsere Supermärkte leer, und die Fabrikbänder ständen still. Doch all diese Systemrelevanten werden systematisch um eine faire Entlohnung und Sozialabsicherung betrogen. Selbst Autohöfe werden von ihnen eher gemieden, denn hier müssen Gebühren gezahlt werden, zwar nur 5 Euro pro Nacht, die auch gegen Essen verrechnet werden können. Aber für die miserabel entlohnten »Wanderarbeiter« ist das wohl auch noch zu teuer.

Das Sozialdumping ist eine ungeplante, wenn auch fast gesetzmäßige Folge der europäischen Osterweiterung. Im EU-Binnenmarkt steht es Unternehmen frei, ihre Mitarbeiter europaweit einzusetzen und gleichzeitig nach der nationalen Sozialgesetzgebung zu entlohnen. Logistikkonzerne wie DHL oder Schenker müssen für einen bulgarischen Fahrer mit 16 000 Euro im Jahr nur ein Drittel des Arbeitslohns eines deutschen Kollegen kalkulieren. So ist es nicht verwunderlich, dass diese Konzerne auf europäischen Fernstraßen kaum eigene Fahrzeuge mehr einsetzen und lieber auf billige Subunternehmer und Fahrer aus dem Osten zurückgreifen. Nicht nur das Lohngefälle lässt deutsche Fahrer in die Röhre gucken. Auch können sie sich den Fahrstil der Osteuropäer nicht leisten. Denn denen droht bei schweren Verstößen nur eine Geldstrafe – und keine Punkte in Flensburg.

Angesichts der Westpreise gibt es für die schlecht bezahlten osteuropäischen Fernfahrer keine Alternative zur einfachsten Selbstversorgung. Vorräte, Gaskocher und Kochgeschirr sind meist in einem Metallverschlag unterhalb der Ladefläche gelagert, die Klappe dient als Tisch. ›

Yargıya 'ihanet'

JTC
JTC
PEMA

Die 1967 erbaute Brückenraststätte Frankenwald an der A 9 ist eine der beiden einzigen Brückenraststätten in Deutschland. Aus ihrem Restaurant hatte man bis zur Wiedervereinigung bei Kaffee und Kuchen einen freien Blick auf die Grenzanlagen der DDR.

Rasthaus am Irschenberg an der A 8 München-Salzburg. Die Kundschaft ist international und die Kommunikation läuft auch mal über Zeichensprache. Wie diese Raststätte gehören 90 % zum Unternehmen Tank & Rast.

2011 kümmerte sich noch diese supernette Toilettenfrau im Rasthof am Hermsdorfer Kreuz gegen ein freiwilliges Trinkgeld um Sauberkeit. Das ist mittlerweise eine seltene Ausnahme. Meist sorgt das Toilettenkonzept von Sanifair hinter einer Bezahlschranke für gute Hygiene, aber auch für Kritik. Ist angesichts sauberer Toiletten auf deutschen Raststätten der zu zahlende Eintritt von 70 Cent fürs »Austreten« unangemessen, wenn der Kunde nur 50 Cent zurück bekommt, wenn er konsumiert?

Für viele sind Autobahn und Raststätten bis in die Kindheit mit Urlaubserinnerungen verknüpft. Auf einem Rastplatz an der A 3 im Spessart hat eine polnische Familie auf dem Weg ins ferne Spanien ein Tagescamping eingelegt. Dort pausiert auch der Bus dieser belgischen Reisegruppe.

Der Rastplatz Rodaborn an der A 9 südlich des Hermsdorfer Kreuzes hat eine Realsatire zu erzählen. 1936 wurde beim Bau der Reichsautobahn Leipzig-Nürnberg eine Waldgaststätte zur ersten Raststätte der Reichsautobahn umgewandelt. Mangels Autoverkehr wurde sie erst mit der Transitstrecke nach Berlin von der Mitropa für Transitreisende wieder eröffnet. Und dann 2004 im Rahmen des sechsspurigen Ausbaus der A 9 mangels Raststättenkonzessionen wieder geschlossen. 2009 kaufte die Gastwirtin Christina Wagner das Anwesen mit der Zusage für Zugang zum Parkplatz. Aber: Auch der Verkauf durch den Zaun blieb verboten. Nun bleibt für die »Original Thüringer Bratwurst« – nach Läuten der Bestellglocke – nur der Weg über den Zaun.

Spezialtransporte sind unverzichtbar für die Wirtschaft. Um Verkehrsbehinderungen zu vermeiden, dürfen Transporte von beispielsweise ausladenden Rotorblättern für Windkraftanlagen nur in verkehrsarmen Zeiten zwischen 22 und 6 Uhr früh unterwegs sein. Auf vielen Parkplätzen sind Sonderflächen als Wartezonen ausgewiesen.

Während ihre einheimischen Kollegen sich Fahrten außerhalb der Wochenenden legen können, müssen die Kraftfahrer aus den ehemaligen Ostblockländern häufig 45 Stunden auf den Rastplätzen ausharren. Manche der Fahrer kennen einander, kochen was zusammen, klönen. Oder trinken ein Bier im Schatten ihrer Brummis. Wochenlang sind sie schier heimatlos.

Etwa 40 Autobahnkirchen gibt es in Deutschland. Sie dürfen für die Drive-in-Sinnsuche maximal einen Kilometer entfernt und müssen tags geöffnet sein. Die vielleicht schönste Autobahnkirche (Architekten Schneider + Schumacher) ist die am Rasthaus Siegerland an der A 45 – eine exzentrische, wie ein Origami gefaltete Architektur in Weiß für eine »Tankstelle der Seele«. Über eine lange Rampe betreten Besucher einen von 66 computergenerierten Holzspanten geformten Raum, der ein wenig an die Rippengewölbe spätgotischer Kirchen erinnert – oder an eine schützende Höhle, in der man Ruhe finden kann.

Der Autohof Northeim-Nord an der A 7 ist einer von 200 Autohöfen entlang der deutschen Autobahn. Er liegt in der durch Kiesabbau entstandenen Northeimer Seenplatte.. Diese bietet mit Badestrand, Bootsverleih und Wasservogelreservat sogar ein wenig Rastplatzromantik auf dem Weg nach Süden oder Norden.

ABSEITS DER FAHRBAHNEN ››› *Vom Leben neben und mit der Autobahn*

Kommen wir zu den Anwohnern des »Biotops« Autobahn. Für alle, die unmittelbar neben diesem hektischen »Fremdkörper«, diesem größten Bauwerk wohnen und arbeiten, bedeutet die Autobahn eine extreme Belastung, vor allem durch Lärm und Schmutz. Und das rund um die Uhr. Und der Krach macht auch noch krank. »Sie leben schon sechs Jahre an der Autobahn?«, fragte einst Otto Waalkes als Reporter in einem Sketch die gute Frau Suhrbier. »Gibt es irgendwelche Folgeschäden?« Die Antwort war entlarvend komisch: »Neinn, Nnneeiinn, Nnneeiiiinnnn!«

Die Autobahn scheint so übermächtig, dass Anwohner mit Aussagen überraschen, wie »im Alltag bemerke ich die Autobahn erst, wenn ich sie nicht mehr höre – bei einer Vollsperrung nach einem Unfall«. Kann man sich also gewöhnen an den Lärm? Selbst wenn die Betroffenen nach Jahren dauerhaften Verkehrslärms diesen nicht mehr wahrnehmen, leben sie mit deutlich erhöhtem Gesundheitsrisiko. »Meeresrauschen« nennen manche Anwohner das Grundrauschen einer nahen Autobahn. Aber im Gegensatz zur Nordsee löst mechanischer Lärm eine Reihe von Krankheitsrisiken aus: Schlafstörungen, Depressionen, Herzinfarkte. Dem versuchen die zuständigen Behörden mit Lärmschutzwänden, Unterführungen und Flüsterasphalt entgegenzuwirken, um die Belastungen zu reduzieren.

Anwohner der Bundesautobahnen überraschen zuweilen mit Aussagen wie: »Im Alltag bemerke ich die Autobahn erst, wenn ich sie nicht mehr höre – bei einer Vollsperrung nach einem Unfall«. Kann man sich also gewöhnen an den Lärm? Nein – er bedeutet ein hohes Gesundheitsrisiko. Haushohe gläserne Lärmschutzwände reduzieren an der A 40 in Essen-Kray die Lärmbelastung deutlich. ‹

LÄRMSCHUTZ IST KEIN AUGENSCHMAUS

Im Jahr 2020 gab es 2700 Kilometer Lärmschutzwände entlang deutscher Fernstraßen, nach Angaben des BMVI etwa 2200 Kilometer an Bundesautobahnen. Sie sind in der Regel kein Augenschmaus. Autobahn-Nostalgiker mit Tunnelblick beklagen gar, dass seit den 1970er-Jahren die Autobahnen zunehmend eingemauert würden und Lärmschutzwände den freien Blick auf die Landschaft verhindern. Aber ohne Hindernis breitet sich der Schall hemmungslos horizontal aus, vertikale Barrieren lenken die Schallwellen jedoch nach oben.

Analysen des Umweltbundesamtes zufolge ist der Straßenverkehr die dominierende Lärmquelle in Deutschland. Knapp über die Hälfte der Bevölkerung sind tagtäglich einem Pegel von 55 Dezibel ausgesetzt. Das gilt gesundheitlich gesehen gerade noch als erträglich. Allerdings müssen 2,5 Millionen Menschen sogar 65 Dezibel ertragen. Das entspricht der Geräuschkulisse einer gut besuchten Kantine. In einer ruhigen Wohnstraße liegt die Lautstärke bei 40 Dezibel, ein Pkw mit 50 km/h erreicht schon Werte um 70 Dezibel. Ein Rasenmäher produziert 60 Dezibel in 10 Meter Entfernung. Das ist etwa der Wert, der nachts gemessen, eine Lärmsanierung auslöst. In der Nähe von Krankenhäusern, Schulen und Altenheimen liegen die Grenzwerte noch niedriger. An Wohngebieten soll die Lärmbelastung beispielsweise nachts unter den Grenzwert von 49 Dezibel, tags unter 59 Dezibel gedrückt werden.

Schallschutz gibt es als Betonelemente, aus Kunststoff, Metall, Mineralwolle, nachwachsenden Rohstoffen und Glas, als begrünte Wände und be-

Schallschutz gibt es als hässliche Betonelemente, aber auch aus Kunststoff, Metall, Mineralwolle, nachwachsenden Rohstoffen oder Glas. ^

Ob die Liebeserklärung auf dem Schild einer Autobahnauffahrt bei Zwickau geholfen hat? ˅

pflanzte Wälle. Die Wirkung hängt von vielen Faktoren ab: neben der Höhe auch von der Krümmung, der Form und dem Abstand zur Lärmquelle, ob die Wand aus absorbierenden oder reflektierenden Materialien besteht. Glas wird vor allem aus ästhetischen Gründen verwendet, um weiterhin Blickachsen und Orientierung zu bieten. Auch hier beträgt die Höhe bis zu acht Meter. Durch effektive Maßnahmen ist eine Lärmminderung bis zu 20 Dezibel möglich. Die Verwendung spezieller Asphaltsorten wie »Flüsterasphalt« in Kombination mit Lärmschutzwänden senkt die Geräuschbelastung für Anwohner erheblich. Insofern zieht die überwiegende Zahl der Städte und Kommunen diese Maßnahmen einem Tempolimit vor. Schon bei Tempo 50 ist bei niedrigen Drehzahlen das Abrollgeräusch der Reifen auf der Fahrbahn lauter als der Motor.

Auf der Berliner Stadtautobahn A 100 sind täglich über 160 000 Fahrzeuge unterwegs. Neben dem Ruhrgebiet ist hier die Belastung für die Anwohner besonders extrem. Auf der A 40, der Hauptschlagader des Ruhrpotts, hat man fast den Eindruck, durchs Wohnzimmer der anwohnenden Essener zu brettern. Lärmschutzwände überall. Hässliche aus Beton und doppelstöckige aus Glas. Sie schirmen ab und sorgen noch ein wenig für Durchblick. Und ist es dahinter auch leiser geworden? Die meisten Befragten, beispielsweise in Essen-Kray, scheinen zufrieden mit der neuen ausblickfreundlichen Barriere. »Vorher war es einfach unerträglich!«

Aber es gibt immer noch Gemeinden, die vergeblich um Lärmschutz kämpfen und an der Bürokratie scheitern. Die Gemeinde Hambergen bei Meppen fordert seit Jahren einen effektiven Schutz an der A 1. Als mit der neuen A 20 eine weitere Trasse vor ihrer Haustür ausgebaut wurde, erhielt sie das Versprechen, mit der neuen Autobahn käme auch der Lärmschutz. Nichts davon wurde wahr. Stattdessen entstand vor Ort eine neue elektrifizierte Versuchsstrecke für E-Lkw. Stichwort Klimawandel. Es gibt viele solcher Beispiele. An der A 66 bei Frankfurt dient seit Jahrzehnten ein 360 Meter langer Wohnkomplex mit Sozialwohnungen als Schallschutzwand für das dahintergelegene Viertel »Engelsruhe«. Die Bewohner der siebengeschossigen »Papageiensiedlung« leben quasi in einer Schallschutzwand. Beim Bau 1974 galt die Siedlung als lärmtechnisches Vorzeigeprojekt. Damals tröpfelte der Verkehr verglichen mit den heute 130 000 Fahrzeugen pro Tag. Eine Lärmschutzwand für den Wohnkomplex gibt es bis heute nicht. Womöglich auch, weil auf den von der Autobahn abgewandten Balkonen der Verkehrslärm kaum wahrnehmbar sei, wie einige Bewohner behaupten.

PLATZ FÜR PROZESSIONEN UND STRASSENFESTE

Nicht nur die lärmreflektierenden Schutzwälle wirken zuweilen ästhetisch abstoßend, die Flächen unmittelbar neben oder unter Autobahnen sind einfach desolat. Mit Beton und Kies versiegelt dienen sie als Unterfahrt, mutieren zu Müllhalden und bestenfalls zu Abstellplätzen – oder sind einfach leer. Aber auch solche Un-Orte übernehmen zuweilen überraschende Funktionen auf Zeit. Eine unscheinbare Autobahnbrücke der A 2 bei Hamm wird alljährlich zum Ziel einer religiösen Prozession. Denn im benachbarten Industriegebiet Uentrop liegt Deutschlands größter Hindu-Tempel. Im Juli treffen sich hier bis zu 20 000 Gläubige, um im Datteln-Hamm-Stich-

Mit unseren Verkehrswegen zerschneiden und versiegeln wir zunehmend auch die natürlichen Lebensräume der Wildtiere. Die Wildbrücke an der A 1 bei Wittlich in der Eifel ist eine von 80 Grünbrücken über die Autobahn und sorgt erfolgreich für unfallfreien Wildwechsel. Bitte mehr davon!

kanal unter einer lärmenden Stahlbrücke ein rituelles, reinigendes Bad zu nehmen. So wie man es vom heiligen Fluss Ganges kennt. Und trotz des Schildes »Bundesautobahn-Brücke Nr. 493a Kilometer 46 680« und dem hohlen Schlagen und Rumpeln des Verkehrs fühlt man sich während der Zeremonie nach Indien versetzt. Für ein paar Stunden – auf Zeit eben. Wenig später ist das Ufer unter der A 2 wieder ein seelenloser Un-Ort.

»Still-Leben-Ruhrschnellweg« nannte sich das Event, das im Juli 2010 die Verkehrsschlagader des Ruhrpotts für ein Wochenende von Diesel und Benzin befreite. Auf 60 Kilometern war die A 40 für Motorisches gesperrt. 20 000 Tische mit 40 000 Bänken wurden in einer logistischen Meisterleistung aufgestellt, und jeder konnte die nummerierten Tische für sich und den Freundeskreis mieten. Statt der erwarteten einen Million kamen drei Millionen und feierten das weltgrößte Straßenfest überhaupt. Bei dem Andrang steckten selbst Fahrradfahrer schließlich im Stau. So autofrei wie bei diesem Straßenfest im Ruhrpott war eine deutsche Autobahn seit der Ölkrise 1973 nicht mehr. Damals – während des Nahostkonflikts – war der Spritpreis binnen Tagen von 1 DM pro Liter auf 1,50 DM gesprungen. Die Regierung verhängte daraufhin an vier Sonntagen ein Fahrverbot und verwandelte Deutschland für ein paar Stunden in eine »Fußgängerzone«. Zur Erinnerung: Seinerzeit waren 17 Millionen Pkws gemeldet, heute sind es 48 Millionen.

WILDWECHSEL – EIN PAAR MILLIONEN FÜR TIERE

Die Auto-Lawine lärmt nicht nur durch Wohngebiete. Und Anlieger der Autobahnen sind nicht nur wir Menschen. Mit unseren Verkehrswegen zerschneiden wir die Landschaft und damit die natürlichen Lebensräume der Wildtiere. Auch Vierbeiner wollen mal auf die andere Seite des lärmenden Asphaltbandes wechseln. Wildwechsel eben, vor allem während der Paarungszeit. Besonders bei neuen Autobahnen folgen sie noch einige Zeit ihren gewohnten Pfaden. Kreuzen sich die Wege von Mensch und Tier, wird es für beide Parteien gefährlich, für Vierbeiner meist tödlich.

Um beim Bau neuer Autobahnabschnitte »Planungswildwuchs« zu verhindern, wird per Gesetz versucht, »dem Vermeidungs- und Verursacherprinzip folgend«, so das Beamtendeutsch, »die Eingriffe mit hohem Versiegelungs- und Nutzungsgrad, die durch Bau und Betrieb entstehen, in Abstimmung mit den Naturschutzbehörden auszugleichen«. Ein Beispiel: Beim Neubau der 70 Kilometer langen Trassen der A 71 und A 73 im Thüringer Wald wurden in der Summe ganze 250 Hektar Landschaft »versiegelt« oder »überformt«, zusätzliche 100 Hektar stark beeinträchtigt. Als Kompensation für diese Fläche wurden auf 675 Hektar als »Wiedergutmachung« Ersatzmaßnahmen geleistet, beispielsweise neue Mischwaldbepflanzungen, Waldumbau, Heckenpflanzungen, Renaturierung von Gewässern oder Anlage von Streuobstwiesen – oder der Bau von Grünbrücken für den Wildwechsel.

Wegen der hohen Baukosten waren Wildbrücken in der öffentlichen Meinung anfangs sehr umstritten und wurden diffamiert. Millionen – nur für Tiere? »Für 2,5 Mio! Frösche und Rehe kriegen eigene Autobahnbrücke« titelte eine Boulevard-Zeitung und lieferte 2005 Futter für den Stammtisch. Heute hat sich das Wissen um den Nutzen der Brücken durchgesetzt. Viele Wildtierarten benötigen große Reviere, durch Asphalt zerschnittene Naturräume müssen wieder miteinander vernetzt werden. Um Rotwild, Wildschwein, Fuchs und Hase einen sicheren Übergang zu gewähren und die Unfallgefahr bei häufigem Wildwechsel zu mindern, sind seitdem bundesweit über 80 Wildbrücken errichtet worden. Aber der Bedarf ist erheblich höher, betonen ADAC und Naturschutzverbände. Um auch stattlichem Rotwild einen sicheren Weg zu weisen, sollten die Brücken mindestens 50 Meter breit sein und mittels kilometerlanger Wildzäune die Tiere wie durch ein Nadelöhr auf die andere Seite leiten. Das wird per Bewegungsmelder und Kameras überwacht. Über die A 1-Grünbrücke bei Greimerath in der Eifel wechselten in den vier Jahren nach ihrem Bau 2009 über 13 000 Wildtiere die Fahrbahnseiten. Das ist schon was – in Anbetracht von über 200 000 jährlichen Wildunfällen in Deutschland sind die Millionen doch gut angelegt. Unübersehbare Schilder verbieten uns Zweibeinern das Betreten der Tierbrücke. Wir dürfen ja auch nicht über die Autobahn spazieren. Aus gutem Grund.

AUSBLICK – QUO VADIS? WOHIN GEHT DIE REISE?

Jeder Kubikmeter Beton und jeder Quadratmeter Bitumen drängen die Natur und im unmittelbaren Umfeld unserer Asphaltarterien andere Lebensräume zurück. Andererseits entlastet dieses von außen als Fremdkörper empfundene Monsterbauwerk die verbleibenden Wälder, unsere Dörfer, Städte und Landstraßen vom offenbar unverzichtbaren Autoverkehr. Bleibt die Frage: Wo liegt eine annehmbare Balance? Wie können wir im Nebeneinander und Aufeinanderprallen einer hochindustrialisierten Gesellschaft mit Natur und Landschaft den überstrapazierten Begriff »Nachhaltigkeit« mit Leben füllen? Wie den Widerspruch zwischen Gemeinwohl und Schutz der Umwelt lösen? Sollten wir also ganz aufhören, Autobahnen zu bauen? In naher Zukunft sicher nicht, denn es fehlt eine realistische Alternative. Auf der Suche nach einer Balance versucht dieses Porträt unsere Autobahnen auszuleuchten. Eine Bestandsaufnahme, die erklären, aber nur wenige Antworten geben kann und vor allem wichtige Fragen aufwirft. Nutzen wir also die Wildbrücke als Metapher, als Brücke in die Zukunft?

Was tun? Wir brauchen eine Verkehrswende, da sind sich fast alle Experten einig. Aber wie? Ob Diesel, Benziner oder E-Autos – es gibt einfach zu viele Automobile, zu viel Verkehr. Und das Verkehrsaufkommen soll bis 2030 sogar weiter steigen. Die E-Mobilität wird das Problem nicht lösen, eher befeuern, denn Tesla oder VW wollen ihre Autos auf die Straße bringen, setzen auf Expansion, um Verbrenner durch Elektroantrieb zu ersetzen. Ohne Frage haben die Autobahnen als Rückgrat unserer Wirtschaft auch weiterhin den schier grenzenlosen Güterverkehr einer gigantischen Konsumgesellschaft zu bewältigen. Die auf Autobahnen und Fernstraßen beförderten Gütermengen werden – so Prognosen – weiter steigen. Nicht zuletzt, weil die Industrie die Straße als preiswerte Lagerhaltung nutzt. Wie viel Tonnage in Zukunft über unsere Autobahn rollt, entscheidet auch der Konsument, also jeder von uns. Die Verkehrswende ist eine riesige Herausforderung für alle Beteiligten. Gelingt sie nicht, ist ein Infarkt unserer Verkehrsschlagader in absehbarer Zukunft mehr als wahrscheinlich. Bis dahin allerdings hat unsere »German Autobahn« noch eine gewaltige Last – vor allem mit dem Lastverkehr – zu schultern.

Die Autobahnbrücke von Hamm-Uentrop mit ihren gelben Stahlbögen fällt an der A 2 kaum auf. Sie quert einen kleinen Seitenkanal und wird alljährlich zum Pilgerziel. ›

Bundesautobahn-Brücke Nr. 493a km 46.680

Unter der »Autobahnbrücke 493a km 46 680« an der A 2 bei Hamm versammeln sich alljährlich während eines Tempelfests bis zu 20 000 Teilnehmer und Besucher zum größten hinduistischen Fest Europas. Im angrenzenden Industriegebiet liegt der größte hinduistische Tempel Deutschlands und zweitgrößte Europas. Höhepunkt der zweiwöchigen Feierlichkeiten zu Ehren der Göttin Sri Kamadschi Ampal ist die Prozession zum Kanal, wo unter der Brücke im smaragdgrünen Wasser des Datteln-Hamm-Kanals ein rituelles Reinigungsbad genommen wird. Man fühlt sich an den Ganges versetzt. In den 1980er-Jahren waren 45 000 Tamilen vor dem Bürgerkrieg in Sri Lanka nach Deutschland geflohen.

»Still-Leben-Ruhrschnellweg« nannte sich ein Event, das im Juli 2010 die Verkehrsschlagader des Ruhrpotts für ein Wochenende vom Auto befreite. 2000 Tische mit 40 000 Bänken wurden in einer logistischen Meisterleistung aufgestellt. Die nummerierten Tische konnte man für seinen Freundeskreis mieten. Statt der erwarteten Million kamen 3 Millionen Teilnehmer und machten das Event zum weltgrößten Straßenfest überhaupt. Selbst die Fahrradfahrer befanden sich am Ende immer wieder im Stau.

Hier im berüchtigten »Essener Trog« der A 40 würdigen seitdem auch drei Schriftzüge auf einander folgenden Brücken das »Wunder von Bern« 1954. Es sind die ins Mikro geschrienen Worte des Reporters Herbert Zimmermann: »Rahn müsste schießen…« – »Rahn schießt!« – »Tor! Tor! Tor!« Helmut Rahn ist der wohl bekannteste Anwohner der A 40.

Wenn schon, denn schon! Grillade eines Anwohners am Vorabend des autofreien Wochenendes an der A 40 in Essen.

28

Die Mintarder Brücke der A 52 bei Mühlheim überspannt in einem weiten Bogen das Ruhrtal. Unten ist von der Blechlawine oben kaum mehr als ein Rauschen zu bemerken. Deutschlands längste Stahlbrücke (1850 m) wurde 1966 in Betrieb genommen. Ab 2024 soll sie nach einem Arbeitsleben von 65 Jahren durch den Bau einer neuen Brücke ersetzt werden. ^

Wohnhaus unter der Eiserfelder Brücke der A 45. Auf mächtigen Betonpfeilern – 106 Meter hoch über dem Städtchen – überquert die Autobahn das Tal der Sieg über dem Siegener Stadtteil Eiserfeld. Die 1969 eingeweihte Brücke ist eine der höchsten in Deutschland. Sie soll ab 2027 durch einen Neubau ersetzt werden. < >

Berlin brummt hier unerträglich. Nicht nur am Kaiserdamm in Charlottenburg ist der Autobahnlärm durch die hochfrequentierte Berliner Stadtautobahn A 100 für die Anwohner extrem belastend.

Die unter Denkmalschutz stehende Überbauung der Berliner Stadtautobahn A 100 an der Schlangenbader Straße beherbergt 1758 Wohneinheiten. Die Wohnanlage war 1970 ein Vorzeigeprojekt, muss aber ab 2021 saniert werden.

2200 Kilometer Lärmschutzwände gibt es entlang deutscher Autobahnen. In Essen führt die A 40, eine der meistbefahrenen Autobahnen der Republik mitten durch dicht besiedelte Wohngebiete. Mit Schallschutzwänden und »Flüsterasphalt« versucht man, die extreme Lärmbelastung auf ein »erträgliches« Maß zu mindern.

IKEA
IKEA

Allersberg
1000 m

Feierabendstau auf der A 42 am Kreuz Duisburg-Nord. Laut Datenbank des BMVI summierten sich 2019 die Staukilometer der Republik an einem Donnerstag zwischen 16 und 17 Uhr auf 607 Kilometer. Im Schnitt aller Werktage Montag bis Freitag im selben Zeitfenster waren es rund 525 Kilometer. Da die Staus fahrtrichtungsgetrennt erfasst werden, bedeutet das im Umkehrschluss: rollender Verkehr auf den restlichen 25 000 Fahrbahnkilometern. Klingt doch positiver als die abstrakte Jahresbilanz von 1,4 Millionen Staukilometern im Jahr 2019. « Seite 184/185

Südlich von Nürnberg schwingt die A 9 – flankiert von der ICE-Schnellfahrtstrecke nach Ingolstadt – über viele Kilometer im sachten Auf und Ab schnurgerade durch die Hügellandschaft der Oberpfalz. Hier kurz vor der Abfahrt Allersberg und der Silhouette des Fleckens Göggelsbuch. ‹

10 JAHRE FOKUS auf die AUTOBAHN ›››

Beim Begriff »Autobahn« schwingt bei mir immer auch ein Stück nostalgische Jugenderinnerung mit. Wenn wir Ende der 1950er mit einem nach Plastik stinkenden Opel Rekord aus der Eifel kommend die Autobahn bei Montabaur erreicht hatten, begann für uns Kinder im Fond das Abenteuer Sommerurlaub. Von der Rückbank betrachtet hinterließen nicht nur die meist noch freie Aussicht und das endlose Asphaltband Spuren im Gedächtnis, sondern vor allem die Rastplätze. Auch später bedeutete die Autobahn für mich als Architekturstudent noch Aufbruch in die Ferne. Mit einem im ersten Gang erbärmlich kreischenden Fiat 500 ging es nachmittags von Braunschweig zur nahen Autobahnraststätte Seesen an der A7. Der Cinquecento wurde irgendwo geparkt, mit vorgerecktem Daumen an der Auffahrt und viel Glück waren wir über Nacht schon an der Rhone und abends am Mittelmeer.

Und noch eine frühe Verbindung gibt es. Anfang der 1970er-Jahre verdiente ich mir während des Architekturstudiums an der TU Braunschweig am Lehrstuhl für Angewandte Psychologie ein paar Mark dazu. Nach den Vorgaben der Psychologen und Designer bastelten wir als »Zeichenknechte« mit Letraset und Folien jede Menge Autobahn-Beschilderungen – in RAL-Blau und Pfeilen in Weiß sowie »Verkehrsschrift« nach DIN 1451. Mithilfe der Tafeln wurden die Reaktionszeiten bei der Orientierung von Testpersonen gemessen. Die Ergebnisse dieses Gutachtens wurden 1974 bei der neuen Beschilderung der Bundesautobahnen eingeführt und gehören heute zu unserem »Autobahn-Bewusstsein«.

Wenn man als Eifelkind mit dem Fahrrad zu jedem Rennen zum nahen Nürburgring fährt, um dort über unbemerkte Löcher im Zaun direkt an die Rennstrecke oder gar bis ins Fahrerlager zu schleichen, muss man sich nicht über den ersten Berufswunsch Rennfahrer und eine Empathie für Verbrenner wundern. In den linksradikalen Studentenjahren verflog diese Motorsportliebe zwar, die Begeisterung für Design und schöne Autos aber blieb. Schneller als 200 fuhr allerdings keiner meiner Lieblinge, später waren es meist betuliche Campermobile (immer Diesel).

Das Thema Autobahn reizte mich Jahrzehnte später nicht wegen meiner Affinität zum Automobil, sondern aus reiner visueller Neugier. Warum gibt es keinen Fotoband über dieses größte deutsche Bauwerk? Warum porträtiert niemand dieses so emotional aufgeladene Thema? Anfangs ging ich

mit recht negativen Gefühlen ans Werk, suchte eher die schlechten Seiten, die natürlich auch leicht zu finden waren. Aber nach vielen Monaten der Recherche und Tausenden von Kilometern on the road lernte ich auch den unermesslichen Wert der Autobahn für unser Gemeinwohl schätzen.

Seit 2010 arbeite ich mit Unterbrechungen am Fotoprojekt »Deutsche Autobahn«, das ich mit einem Förderstipendium der Stiftung Kulturwerk VG-Bild-Kunst begonnen hatte. Immer wieder zog es mich zwischen weltweiten Fotoreisen zurück auf die deutsche Autobahn. Alle Motive entstanden mit hochauflösenden Canon 5D-Kameras und entsprechenden Objektiven im Brennweitenbereich zwischen 24 und 400 Millimetern. Für die Motive aus der Fahrerperspektive wurde die auf einem Sandsack hinter der Windschutzscheibe liegende Kamera per Kabel fernausgelöst.

Im Laufe des Projekts legte ich mit einem VW-T5-Camper sowie einem Pick-up-Camper 30 000 Kilometer zurück. Zuletzt war es 2020 mit Assistent Manfred für letzte Motive nochmals ein kleiner Marathon: 2100 Kilometer Autobahn in drei Tagen. Im Fahrtenbuch sind insgesamt 70 Nächte gelistet, meist auf den hinteren Parkplätzen von Raststätten, möglichst weit entfernt vom Grundrauschen und Dröhnen dieses mit so viel unberechenbar kinetischer Energie aufgeladenen Monsters.

Über die Jahre hatte ich auch mehrere Luftbildbände fotografiert. Mit diesem Fundus und dieser Erfahrung gelangen eindrucksvolle Motive aus dem Gyrokopter, diesem »Motorrad der Lüfte«. Drei Tage und Nächte Warten neben dem Hangar von »Christoph 08« in Lünen waren hingegen in meinem Sinne »vergeblich«. Die Einsatzziele der Rettungsflüge waren nicht die Autobahn, sondern Landstraßen und Discounter-Parkplätze. Die Autobahnen werden tatsächlich zunehmend sicherer.

KARL JOHAENTGES

Karl Johaentges ist seit 1985 professioneller Fotograf. Nach Gründung des eigenen KaJo-Verlags brachte er zusammen mit seiner schottisch-australischen Frau Jackie Blackwood eine beliebte Reisebildband-Reihe heraus, die eine Druckauflage von insgesamt einer Viertelmillion Exemplaren erreichte. Drei der KaJo-Bände wurden mit einem Kodak-Fotobuchpreis ausgezeichnet. 1989 Gründungsmitglied der Münchener Fotografenagentur LOOK. Den Reiseverlag verkaufte er 1995, um sich wieder mehr der Fotografie und eigenen Projekten widmen zu können. Über viele Jahre war er auch im Berufsverband der Fotojournalisten FREELENS engagiert, sowohl im Vorstand als auch im Beirat. Neben Magazin-Reportagen publizierte Karl Johaentges bislang über 50 Bildbände in renommierten Buchverlagen, zuletzt mit Jackie Blackwood bei National Geographic: »Neuseeland – Paradies im Pazifik« sowie »Schottland – wahre Seele eines wilden Landes«. Schon 2004 erschien im Verlag Frederking&Thaler »Chinas Heilige Berge« (für den Deutschen Fotobuchpreis nominiert). Der Fotograf wird von der Bildagentur lookphotos vertreten: www.lookphotos.com

Selbstportrait des Fotografen bei Überschreitung der zulässigen Höchstgeschwindigkeit um 8 km/h irgendwo auf der A 7. Die Urheberrechte der Fotos beansprucht der Abgebildete aufgrund (allerdings unabsichtlicher) Selbstauslösung für sich.

LITERATUR

Allen, die sich für die Entstehung der Reichsautobahnen und ihre Mythen interessieren, sei vor allem der nachstehende und exzellent recherchierte Band »Mythos Reichsautobahn« (Schütz/Gruber) empfohlen:

Erhard Schütz und Eckhart Gruber
Mythos Reichsautobahn
Bau und Inszenierung der „Straßen des Führers" 1933–1941
Weltbild Verlag, 2009

Die Autobahn – von der Idee zur Wirklichkeit
Archiv für die Geschichte des Straßen- und Verkehrswesens, Heft 23
Forschungsgesellschaft für Straßen- und Verkehrswesen e.V. FGSV-Verlag, 2005

Roland Gabriel
Dem AUTO eine BAHN
Deutsche »Nurautostraßen« vor 1933
Archiv für die Geschichte des Straßen- und Verkehrswesens, Heft 23
Forschungsgesellschaft für Straßen- und Verkehrswesen e.V. FGSV-Verlag, 2010

Maxwell G. Lay
Die Geschichte der Straße
Vom Trampelpfad zur Autobahn
Campus Verlag, 1994

Michael Kriest
Die Reichsautobahn
Konzeption, räumliche Struktur und Denkmaleigenschaft eines historischen Verkehrsnetzes
Michael Imhof Verlag, 2016

Reichsautobahn – Pyramiden des Dritten Reiches
Analysen zur Ästhetik eines unbewältigten Mythos
Jonas Verlag 1982/1995

Ralph Johannes, Gerhard Wölki
Die Autobahn und ihre Rastanlagen
Michael Imhof Verlag, 2005

ADAC Zahlen, Fakten, Wissen.
Aktuelles aus dem Verkehr, 2016
sowie **ADAC Staubilanz**

Verkehr in Zahlen des Bundesministeriums für Verkehr und digitale Infrastruktur (BMVI) – Jahrespublikation

Historische Bände aus der Nazi-Zeit

Waldemar Wucher
Vier Jahre Arbeit an den Straßen Adolf Hitlers
(1937)

Reichsjugendführung der NSDAP
Die Straßen des Führers (1939)

Erna Lendvai-Dirksen
Reichsautobahn/Mensch und Werk (1942)

Hermann Harz
Das Erlebnis der Reichsautobahn,
Callwey (1943)

Museen und Internet

Im pfälzischen Germersheim bietet das Deutsche Straßenmuseum seit 1990 in den Räumen des Zeughauses auch Information und Anschauungsmaterial zur Geschichte der Autobahn. Deutsches Straßenmuseum, im Zeughaus, 76726 Germersheim.
www.deutsches-strassenmuseum.de

Das Autobahn-Museum Erkner präsentiert auf dem Gelände der Autobahnmeisterei ebenfalls viel Anschauungsmaterial, u. a. eine autobahngeschichtliche Sammlung. Erkner ist zudem eine von sieben Autobahnmeistereigehöften aus den Zeiten der Reichsautobahn.
www.autobahnmeisterei-erkner.de

Internet

Die Bundesregierung (BMVI und Die Autobahn GmbH des Bundes) informiert mit diversen Webseiten über aktuelle Projekte sowie Hintergründe, Verantwortlichkeiten und Themen der Verkehrspolitik:
www.autobahn.de
www.bmvi.de

Im Netz gibt es auch diverse private Webseiten, auf denen viele Informationen über Neubauplanungen im Netz der Bundesautobahnen sowie der Autobahngeschichte zu finden sind, u. a. die der Arbeitsgemeinschaft Autobahngeschichte (AGAB) e. V.
www.autobahngeschichte.de
www.autobahn-online.de
www.eautobahn.de

Aufgrund aktueller Informationen, Statistiken und Hintergrundwissen auch für Nichtmitglieder empfehlenswert ist die Seite des ADAC: **www.adac.de**

DANKE

Ein solches Langzeitprojekt zu realisieren, bedarf vieler Unterstützer und Helfer. Ohne sie wäre die in diesem Band präsentierte Momentaufnahme zur deutschen Autobahn nicht möglich gewesen.

Mein besonderer Dank geht an meinen langjährigen Freund und Kollegen Michael Martin, der von Beginn an an das Projekt geglaubt und mich immer wieder ermutigt hat, trotz diverser Hindernisse nicht aufzugeben. Michael ist nicht nur ein genialer Fotograf, es braucht auch enorme Ausdauer und Kreativität, um solch' einzigartige Langzeitprojekte wie PLANET WÜSTE oder aktuell TERRA zum Erfolg zu führen. Deshalb freue ich mich auch besonders über sein Vorwort zu diesem Band. Ein großes Dankeschön gilt auch meinem langjährigen Mitarbeiter und Freund Manfred Schmidt, der mich auch in seinem Ruhestand bei längeren Autobahnfahrten und mit zahlreichen Ratschlägen unterstützt hat. Nicht zu vergessen meine Frau Jackie, die meine Begeisterung für das Thema nicht teilte (»Warum musst du immer auf diese blöde Autobahn!«), mich aber immer mit viel Geduld und Ideen unterstützte. Andere Freunde haben mit wertvollen Hinweisen und Ratschlägen beigetragen, die Texte spannend und lesbar zu machen sowie interessante Orte zu finden: Bernhard Schmidt, Stephan und Bruni Huy, Anke Biedenkapp, Jan Oelker, Ole und Jens Jenssen, Uli Franz, Cord Bahlburg, Dirk Petersen und Helge Krückeberg.

Um nah an das Geschehen an der Autobahn zu kommen, war immer wieder tatkräftige und oft spontane Unterstützung zahlreicher Mitarbeiter von Behörden und Unternehmen wichtig. In diesem Zusammenhang möchte ich folgenden Personen danken: Jürgen Grieving, Jürgen Berlitz, Jochen Oesterle, Christine Rettig, Florian Schmidt, Martin Friewald, Patrick Amrhein, Siegfried, Inga Catharina Thomas, Konstantinos Satrazanis, Martin Neumann, Reinhold Vaupel, Torsten Schwindhammer, Jürgen Elsner und Herbert Schmittinger, Siegfried Ranzinger, Heike Haltermann, Gregor Wies, Christine Meyer-Frießem, Markus Wimmeler, Frank Lehmann, Oliver Koch, Christiane Lautenschläger, Hartmut Prüß, Knut Hallmann, Uwe Hollstein, Jens-Thilo Schulze, Bent Kadow, Philipp Förster, Alexandra Belka, Jörg Duensing, Detlev Nagel, Julia Fundheller, Bernd Moschüring, Ulf Hettig, Stephan Fürsten, Andreas Kaßner, Detlev Nagel und Andreas Beder, Jens Trebel, Gerhard Wahl, Maik Rullert, Frau Kellner sowie nicht zuletzt MP Stephan Weil. Ohne ihre Hilfestellung wäre dieser Bildband sicher nicht so facettenreich geworden.

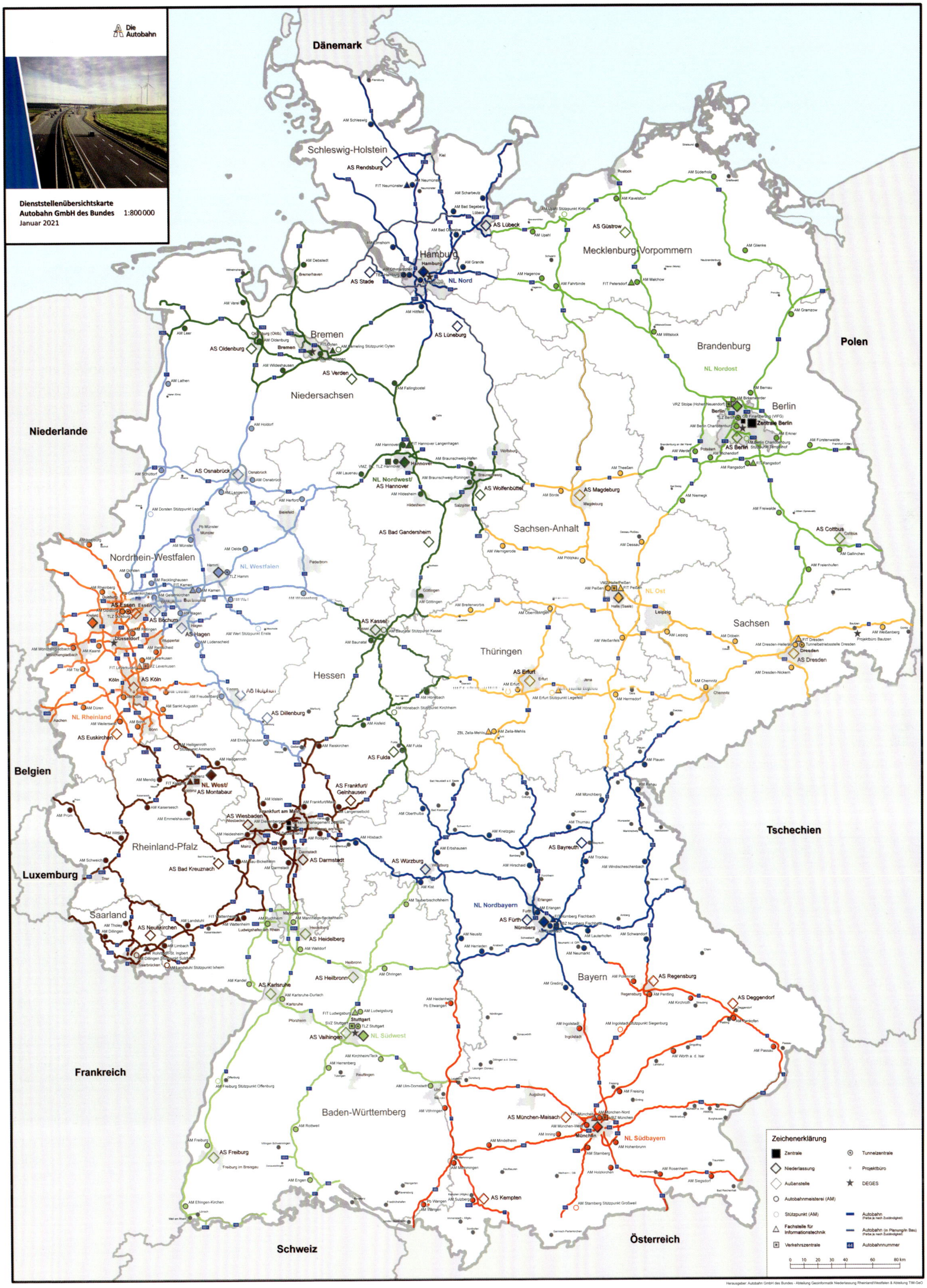
Die Autobahn
Dienststellenübersichtskarte
Autobahn GmbH des Bundes 1:800 000
Januar 2021
Dänemark
Schleswig-Holstein
Hamburg
NL Nord
Mecklenburg-Vorpommern
Bremen
Niedersachsen
Brandenburg
NL Nordost
Berlin
Zentrale Berlin
Polen
Niederlande
NL Nordwest/ AS Hannover
Sachsen-Anhalt
Nordrhein-Westfalen
NL Westfalen
NL Ost
Sachsen
Thüringen
Hessen
NL Rheinland
Belgien
NL West/ AS Montabaur
Rheinland-Pfalz
Luxemburg
Saarland
Tschechien
NL Nordbayern
Bayern
NL Südwest
Frankreich
Baden-Württemberg
NL Südbayern
Schweiz
Österreich
Zeichenerklärung
Zentrale
Niederlassung
Außenstelle
Autobahnmeisterei (AM)
Stützpunkt (AM)
Fachstelle für Informationstechnik
Verkehrszentrale
Tunnelzentrale
Projektbüro
DEGES
Autobahn
Autobahn (in Planung/in Bau)
Autobahnnummer

IMPRESSUM

Producing
Fotografie und Text: Karl Johaentges
Projektleitung: Joachim Hellmuth
Gestaltung und Satz: Alexandra Wothe, Kreativ-Werkstatt QUBUS media GmbH, Hannover
Lektorat: Barbara Kaspar
Korrektorat: Gesa Wendhack
Kartografie: Kartographie Huber GmbH, München
Umschlag: Nina Andritzky, Alexandra Wothe
Herstellung: Bettina Schippel
Repro und technische Produktion: LUDWIG:media
Printed in Türkiye by Elma Basim

★★★★★

Sind Sie mit diesem Titel zufrieden? Dann würden wir uns über Ihre Weiterempfehlung freuen. Erzählen Sie es im Freundeskreis, berichten Sie Ihrem Buchhändler, oder bewerten Sie bei Onlinekauf. Und wenn Sie Kritik, Korrekturen, Aktualisierungen haben, freuen wir uns über Ihre Nachricht an Frederking & Thaler Verlag, Postfach 40 02 09, D-80702 München oder per E-Mail an lektorat@verlagshaus.de.

Unser komplettes Programm finden Sie unter
https://verlagshaus24.de/frederking-thaler/

Bild- und Textnachweis: Alle Bilder des Umschlags sowie die Bilder und Texte des Innenteils stammen von Karl Johaentges, Hannover, mit Ausnahme von: S. 22 oben: Marco Schneider, Interfoto; S. 22 unten: historischer Stich, Quelle unbekannt; S. 23: Mercedes Benz Classic; S. 25: Broschüre Hafraba, 1927; S. 27: Plakat Robert Zinner (alamy); S. 30 oben: unbekannter Fotograf, US-Army (Archive Getty); S. 31 oben: Hans Hoffmann, (Pictures Alliance); S. 31 unten: Hans Pflug, Die Deutschen Reichsautobahnen; S. 32 Karte: »Die Strasse«, Heft 9, 1939; S. 35 rechts: Hermann Harz, Landesarchiv B-W; S. 35 unten: Michael Zeno Diener (alamy); S. 36 rechts: US-Army, Historisches Archiv Köln; S. 94: Freund und Kollege Jan Oelker, Dresden

Umschlagvorderseite: Das Autobahnkreuz Oberhausen-West verbindet die A3 mit der A42 und ist eine der vielen Abwandlungen des klassischen Kleeblatts, um Verkehrschaos und Verstopfung zu vermeiden.

Alle Angaben dieses Werkes wurden von den Autoren sorgfaltig recherchiert und auf den neuesten Stand gebracht sowie vom Verlag geprüft. Für die Richtigkeit der Angaben kann jedoch keine Haftung übernommen werden, weshalb die Nutzung auf eigene Gefahr erfolgt. Insbesondere bei GPS-Daten können Abweichungen nicht ausgeschlossen werden. Sollte dieses Werk Links auf Webseiten Dritter enthalten, so machen wir uns die Inhalte nicht zu eigen und übernehmen für die Inhalte keine Haftung.

Die Deutsche Nationalbibliothek verzeichnet diese Publikation in der Deutschen Nationalbibliografie; detaillierte bibliografische Daten sind im Internet über http://dnb.d-nb.de abrufbar.

ISBN 978-3-95416-343-4